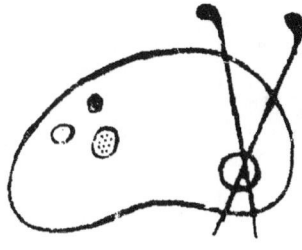

Début d'une série de documents en couleur

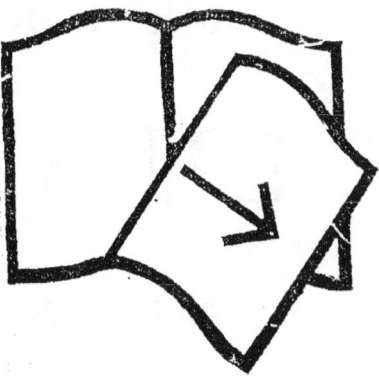

Couverture inférieure manquante

NOTICE HISTORIQUE
SUR
LUGNY
ET
SES HAMEAUX

PAR

L. LEX

Archiviste du département de Saône-et-Loire,
Bibliothécaire de la ville de Mâcon.

MÂCON
BELHOMME, Libraire Éditeur
—
1892

Fin d'une série de documents
en couleur

NOTICE HISTORIQUE

SUR

LUGNY ET SES HAMEAUX

Extrait de l'Annuaire de Saône-et-Loire
pour 1892.

Mâcon, Imprimerie Générale, X. Perroux et Cⁱᵉ.

Vue générale de Lugny.

Typographie de couleur

NOTICE HISTORIQUE

SUR

LUGNY

ET

SES HAMEAUX

PAR

L. LEX

Archiviste du département de Saône-et-Loire,
Bibliothécaire de la ville de Mâcon.

MACON
BELHOMME, Libraire Éditeur

1892

NOTICE HISTORIQUE

SUR

LUGNY ET SES HAMEAUX

I. — DESCRIPTION GÉNÉRALE DE LA COMMUNE.

Lugny est situé à 22 kilomètres du chef-lieu du département et de l'arrondissement (Mâcon), à 39 kilomètres du chef-lieu judiciaire (Chalon-sur-Saône), à 7 kilomètres et demi de la ligne de Paris à Lyon (station de Pont-de-Vaux-Fleurville) et à 9 kilomètres de la Saône (port de Jean-de-Saône). Il se trouve par 2° 28' 25" de longitude, 46° 28' 30" de latitude, à 229 m. 36 d'altitude[1].

Il est le chef-lieu d'un canton, borné par ceux de Tournus au nord, de Pont-de-Vaux (Ain) à l'est, de Mâcon-nord au sud, de Cluny et de Saint-Gengoux à

---

1. Nous tenons à nommer dès ici, avec nos excellents collègues, MM. Garnier et Brossard, archivistes des départements de la Côte-d'Or et de l'Ain, qui ont bien voulu nous mettre à même de tirer de leurs dépôts d'intéressants détails, M. Bouilloud, maire de Lugny, et M. Creuseveau, instituteur de cette commune, de qui, pour maints renseignements, nous avons dû mettre l'obligeance à contribution. Ajoutons que nous avons été puissamment secondé dans nos recherches aux Archives de Saône-et-Loire, par MM. Poulalier et Poulat. Enfin nous devons des remerciements tout particuliers à M. Siraud qui a estimé que cette notice ne serait pas déplacée dans son *Annuaire* de 1892, si riche d'ailleurs en estimables travaux.

l'ouest, composé de 16 communes [1] (Azé, Bissy-la-Mâconnaise, Burgy, Chardonnay, Clessé, Cruzille, Grevilly, Lugny, Montbellet, Péronne, Saint-Albain, Saint-Gengoux-de-Scissé, Saint-Maurice-de-Satonnay, La Salle, Vérizet et Viré), embrassant une superficie de 14,452 hectares, avec 9,152 habitants.

Le territoire de Lugny se trouve presque au centre de son canton. Il est limité par les communes de Cruzille, de Grevilly et de Chardonnay au nord, d'Uchizy (canton de Tournus) et de Montbellet à l'est, de Burgy et de Péronne au sud, de Saint-Gengoux-de-Scissé et de Bissy-la-Mâconnaise à l'ouest.

Sa superficie est de 1,388 hectares qui, d'après l'évaluation du revenu foncier des propriétés non bâties faite en 1884, se répartissaient ainsi [2] :

Sol des propriétés bâties et jardins, 7 hectares ;
Terres labourables, 378 hectares ;
Prairies, 92 hectares ;
Vignes, 350 hectares ;
Bois, 451 hectares ;
Pâtures, friches, broussailles et murgers, 75 hectares ;
Routes et chemins, 35 hectares.

Le nombre des maisons recensées lors de l'évaluation du revenu des propriétés bâties faite en 1888 était de 437 ; celui des usines était de 8.

---

1. Dans la première division du département, arrêtée par les députés de Saône-et-Loire à l'Assemblée Nationale, le 6 février 1790, on comptait 86 cantons. Le nombre en fut réduit à 48 par un arrêté du 17 frimaire an X (8 décembre 1801), puis successivement reporté à 49 et à 50 (lois des 25 mars 1868 et 27 mars 1874). Aussi pendant toute la période révolutionnaire le canton de Lugny n'eut que 12 communes (Azé, Bissy-la-Mâconnaise, Burgy, Clessé, Cruzille, Lugny, Péronne, Saint-Albain, Saint-Gengoux-de-Scissé, Saint-Maurice-des-Prés, Vérizet et Viré). Chardonnay, Grevilly et Montbellet appartenaient au canton de Tournus, La Salle à celui de Charnay-lès-Mâcon et Satonnay à celui de Saint-Sorlin (Archives de Saône-et-Loire, I.L.8, M.7.) Un décret du 20 mars 1861 a réuni les communes de Saint-Maurice-des-Prés et de Satonnay sous le nom de *Saint-Maurice-de-Satonnay*. Bray, qui avait été du canton de Salornay-sur-Guye de 1790 à 1801, et qui était, à cette date, entré dans celui de Lugny, a passé dans celui de Cluny en 1839.

2. Renseignement dû à l'obligeance de M. Bardanet, contrôleur principal des contributions directes.

Ce territoire [1], compris entre le coteau de la Boucherette au nord, la montagne du Château à l'ouest, les hauteurs du bois des Sablières au sud, et arrosé par une rivière et trois ruisseaux, est assez accidenté. Le lieu habité le plus élevé, le Grand-Bois, est à 330 mètres. La rivière de la Bourbonne [2] prend sa source au pied du bois du Château, et coule de l'ouest à l'est vers la Saône, après avoir reçu, dans la traversée de la commune de Lugny, les eaux du ruisseau de Bissy, venant du village du même nom, du ruisseau de l'Ail, venant de Collongette, et du ruisseau de Fissy, venant du hameau de ce nom.

Le sol qui appartient au terrain jurassique inférieur est calcaire en général, marneux dans les vallons de Collongette et de Fissy, argileux dans les bois au sud de la Bourbonne. Les parties montagneuses sont constituées par les roches éruptives (grès porphyroïde et micro-granulite)[3]. Les fossiles les plus communs sont les ammonites, les pholadomies, les rynchonelles et les térébratules. On trouve de la pierre à chaux près du bourg. La couche arable varie entre 0 m. 40 et 0 m. 50 d'épaisseur. L'*Annuaire de Saône-et-Loire* pour 1869 signale la présence d'une source ferrugineuse à Lugny.

Le bourg est bâti au pied de la montagne du Château [4] et à la source de la Bourbonne. Les maisons sont alignées à droite et à gauche d'une rue principale, perpendiculaire au château, à laquelle viennent aboutir toutes les autres. Les places sont celles du Pâquier ou de la Mairie, de l'Église (ancien cimetière) et du Marché.

Lugny est relié à Mâcon par le chemin de grande communication n° 82 et par le chemin d'intérêt commun n° 3, à Tournus par le chemin de grande communication n° 56, et à la station de Pont-de-Vaux-Fleurville par le chemin de grande communication n° 55.

Services de voitures de Lugny à Mâcon et de Lugny à la station de Pont-de-Vaux-Fleurville.

---

1. Il est très morcelé ; il comprend 6,778 parcelles. Il y a 18 propriétaires de plus de 10 hectares, 22 de plus de 5 hectares. Trente-deux ménages seulement, les fonctionnaires à part, ne sont pas cotés au foncier.

2. Dès 906 on trouve mentionné le *fluvius qui vocatur Borbontia*. (Ragut, *Cartulaire de Saint-Vincent-de-Mâcon*, Mâcon, 1864, in-4°, p. 207.) Elle s'appelait encore *la Bourbonce* en 1485. (Archives de Saône-et-Loire, E. 173, n° 1.)

3. L'arène de micro-granulite est exploitée comme sable vitrifiable.

4. Voir la planche.

Il y a à Lugny une justice de paix, une brigade de gendarmerie, une recette des domaines, une perception des contributions directes, une recette des contributions indirectes, un bureau de poste et télégraphe, deux notaires, un huissier, un receveur buraliste, un médecin, un pharmacien et une sage-femme.

II. — ÉTYMOLOGIE DES NOMS DE LA COMMUNE, HAMEAUX, ÉCARTS ET LIEUXDITS.

On n'oserait plus écrire aujourd'hui que « Lugny, suivant toute apparence, a emprunté son nom du dieu *Lunus* »[1]. Il est certain que ce mot a été formé à l'époque romaine d'un gentilice dont le thème serait *Luvinius* et de la désinence *acus* qui caractérise le *fundus* ou propriété immobilière individuelle au temps de l'Empire[2].

Un diplôme du roi Eudes et deux chartes de l'abbaye de Cluny mentionnent la *villa* appelée *Luviniacus* en 894[3], en 981[4] et en 982[5]. La chute du *v*, fréquente entre deux voyelles autres que l'*a* et l'*e*, se rencontre en 1219, dans un accord fait entre l'évêque de Chalon et l'abbé de Cluny par les soins du prieur de Lugny (W..., *prior Luiniaci*) et de l'archidiacre de Flavigny[6].

---

1. Monnier, *Statistique de l'arrondissement de Mâcon* dans l'*Annuaire de Saône-et-Loire* pour 1824, Mâcon, 1824, in-12, p. 223, n. 2. — Et encore : « Depuis douze à quinze ans, on a découvert des tombes formées de murs secs et renfermant des ossements. Elles paraissent avoir appartenu à des temps très reculés. On a quelques raisons de croire que jadis il existait dans ces lieux un temple consacré à la lune, ainsi que l'indique le nom même de Lugny ». (Id., *Notice historique de l'arrondissement de Mâcon* dans l'*Annuaire de Saône-et-Loire* pour 1829, Mâcon, 1829, in-12, p. 132.)

2. C'est aussi l'étymologie de Lugny-lès-Charolles, des autres Lugny de France, de Luigny (Eure-et-Loir) et de Luvigny (Vosges). *Juviniacus* (de *Juvinius*) a donné de même *Juvigny* (Aisne) et *Jeugny* (Aube). Une erreur de Dom Bouquet (IX, 464 b) a fait signaler par M. d'Arbois de Jubainville (*Recherches sur l'origine de la propriété foncière en France*, Paris, 1890, in-8°, p. 253) une *villa Juviniacus* en Mâconnais : il faut lire *Luviniacus*.

3. Dom Bouquet, *loc. cit.*, et Ragut, *op. cit.*, p. 76.

4. Bernard et Bruel, *Recueil des chartes de l'abbaye de Cluny*, t. II, Paris, 1880, in-4°, p. 608.

5. Id., ibid., p. 649.

6. Nous devons la connaissance de ce document à une obligeante communication de notre savant confrère, M. A. Bruel.

Les formes françaises anciennes sont *Luignie* en 1214 [1], *Lugnie* en 1460 [2] et finalement *Lugny*.
Le mot néo-latin *Lugniacum*, calqué sur le français, apparaît en 1447 [3].

Fissy a une étymologie analogue à *Lugny* et vient d'un gentilice comme *Fiscius* [4].
On trouve la *villa Fisciacus* en 894 dans le diplôme d'Eudes précité et l'église de *Fisiacus* en 1119 dans une bulle pour l'abbaye de Tournus [5].
Nous voyons établie dès le commencement du XVe siècle la distinction qui subsiste entre le *Bas* et le *Haut Fissy*, car en 1409, on qualifiait de « villages » *Fissy* d'une part, et d'autre part *La Chapelle de Fissy* où se trouvait « le four de la fontaine » [6].
Les formes néo-latines *Fixiacum* et *Fissiacum* paraissent en 1447 [7] et 1460 [8]; les formes françaises *Fisse* en 1485 [9] et *Fissey* en 1547 [10].

Collongette date de l'époque franque : c'est le diminutif de *Collonge*, nom de lieu très répandu, tiré de la présence d'une *colonica* ou habitation de serf laboureur du VIe siècle au Xe.
Des chartes de l'abbaye de Cluny mentionnent la *villa* appelée *Colongicas* et *Colongetas* en 993 [11] et 1019 [12]. L's final a disparu à tort de la forme française *Colongete* en 1485 [13]; il aurait dû se conserver comme dans les *Collonges* issus de *colonicas*.

---

1. Guigue et Bernard de Lugny, *de Luignie* et non *Lugunie* (Chavot, *Le Mâconnais, géographie historique*, Paris et Mâcon, 1884, in-12, p. 172), figurent à cette date et non en 1215 (Id., ibid.) comme témoins d'un acte pour l'abbaye de Cluny. (Communication de M. A. Bruel.)
2. Archives de Mâcon, FF. 4, non fol.
3. Archives de Saône-et-Loire, E. 353, n° 8.
4. *Fusciacus* (de *Fuscius*) a donné Foissy (Côte-d'Or).
5. Archives de Saône-et-Loire, H. 178, n° 1, copie.
6. Archives de Mâcon, FF. 3, fol. VIIIxxXV-VIIIxxXVI.
7. Archives de Saône-et-Loire, E. 353, n° 8.
8. Archives de Mâcon, FF. 4, non fol.
9. Archives de Saône-et-Loire, E. 173, n° 1.
10. Archives de Mâcon, FF. 3, fol. IXxxXI.
11. Bernard et Bruel, *op. cit.*, t. III, p. 182.
12. Id., ibid., p. 742.
13. Archives de Saône-et-Loire, E. 173, n° 1.

Vermillat est *Vermoillet* en 1547 [1] et *Vermeillat* en 1689 [2].

Macheron avait son orthographe actuelle dès 1467 [3].

Poupot se lit *Poupeau* dans Cassini (1763). Sa situation sur un monticule indique qu'il faut rapprocher ce nom des *Poype* de Bresse.

Le Grand-Bois et *La Garenne*, non plus que *Saint-Pierre*, ancien ermitage, n'ont besoin d'être commentés.

Le Bouchet rappelle le voisinage d'un bouquet de bois.

Les moulins ont conservé en général les noms de leurs anciens possesseurs.

Le moulin *Burdeau* est appelé au milieu du XVIIIᵉ siècle *Bordeau, Bourdeau, de Bordeaux* [4].

Le moulin *Vallerot* est dit *de Valeraux* en 1493 [5], *Valerot* et *Valereau* au XVIIIᵉ siècle [6], *Valleret* en 1809 [7].

Le moulin *Guillet* et le moulin *de l'Etang* se rencontrent aussi au milieu du XVIIIᵉ siècle [8]. On trouve encore, à cette époque, le *Moulin neuf* [9], le moulin *Pommier*, le moulin *Pernette* qui est peut-être le moulin *Pernin* du plan cadastral, et le moulin *de la Douze* ou moulin *de la Maigrette*, alias *Maingrette* [10].

Parmi les écarts disparus, on peut signaler la grange de *Champfrecaut, Chamfrecaut, Chamfrecost, Champfricot, Champforcot, Champforcos, Chamfourco, Chanforcaud*, à Collongette, qui existait encore au siècle dernier [11] et qui tenait vraisemblablement son nom d'anciens possesseurs, les de Gilbert, seigneurs de Champfrecaud [12] en Bresse [13].

---

1. Archives de Mâcon, FF. 3, fol. XIIˣˣII.
2. Archives de Saône-et-Loire, G. 378, n° 10. — « Vermeil » se dit des lieux où il se trouve des vers. (Littré, *Dictionnaire de la langue française*, t. II, 2ᵉ partie, Paris, 1872, in-4°, p. 2468.)
3. Archives de Mâcon, FF. 7, fol. XLIII.
4. Archives de Lugny, GG. 10, *passim*.
5. Archives de Saône-et-Loire, E. 349, n° 3, copie.
6. Archives de Lugny, *loc. cit.*
7. Plan cadastral. (Archives de Saône-et-Loire, série P.)
8. Archives de Lugny, *loc. cit.*
9. 1758 (Id.)
10. Id.
11. Archives de Lugny, GG. 1, 9 et 10, *passim*.
12. Commune de Thurey, arrondissement de Louhans.
13. Habitaient Collongette : noble Jean de Gilbert, écuyer, en 1602 (Archives de Saône-et-Loire, G. 378, n° 6) ; noble Pierre de Gilbert, époux de Marie de Duretal, en 1638 et en 1642 (Archives de Lugny, GG 1); demoiselle Françoise (de) Chanforcaud, femme de noble François de La Tour, en 1635 (Id., ibid.)

Les désignations de lieuxdits qui figurent aux plans cadastraux dressés en 1809 et en 1841 [1], remontent à toutes les époques de l'histoire. Elles sont tirées, en général : de la situation des terres (A l'Abime, Sur la Baisse, A la Baratonne, le Bas de Brinchamp, En Beauregard, le Bois Barret [2], Bois du devant, Près le Bouchet, le Carruge [3] du Russon, Sur la Chapelle, Chavonnot [4], Sur la Cocque, Sur les Combes, Sur la Croix de Bois, Cul[s]-Plain, Derrière Charvanson, le Devant, Entre deux Biefs, Sous le Fiez, Au Grand Chemin, Sur la Grange, Sur Laveau [5], Sous la Plante, Au Rebas [7], la Reculée, Sous Saint-Pierre, Sous le Chemin communal, les Jeunes Taillis sous la Grande Roche, Sur les Teppes, le Turreau de la Roue [8], la Vigne derrière, les Vignes du Cul) ; de leurs dimensions (le Grand Bois, le Grand Champ, la Grande Coupe, la Grande Plante, le Grand Quartier, le Grand Taillis, Aux Grandes Terres, Longereau [9], Prés Lion [10], Petites Teppes, Au Tarey, le Tarillot [11]) ; de l'aspect ou de la configuration du terrain (A la Baisse, A la Bosse, Aux Combes, A la Corne Blanche, Aux Crets [12], Aux Creux de Chassaigne, le Creux à la Reine, le Creux Noyers, Cul-Plain [13], A l'Épinglier, l'Esse, le Parterre, le Pertuis du Mont [14], A la Platière, Au Pontagu, Au

---

1. Archives de Saône-et-Loire, série P.
2. Dans une situation transversale, comme la Baratonne.
3. Carrefour de chemins.
4. Diminutif de chavon (bout, fin). — *En Chavonnaux* en 1809.
5. Fond, extrémité.
6. La vallée.
7. Rebat, écho. (Godefroy, *Dictionnaire de l'ancienne langue française*, t. VI, Paris, 1889, in-4°, p. 636.) Il y a effectivement un double écho en cet endroit.
8. Il faut en rapprocher *le Bois la Roux* (1809). On trouve en 1547 *Es Terreaul de la Rue* (Archives de Mâcon, FF. 3, fol. IX[xx]V) et *le Périer de la Roe* (Id., ibid., fol. IX[xx]VII.)
9. Longue raie; elle a environ 500 mètres de longueur. On trouve *Longereau* en 1493 (Archives de Saône-et-Loire, E. 349, n° 3, copie.)
10. Petits prés.
11. *En Terraillet* en 1547. (Archives de Mâcon, FF. 3, fol. XII[xx].) Diminutif de « terrail » (*terrale*, champ). — *Au Terrillot* en 1809.
12. Terrains élevés et incultes.
13. *Planus*, plat.
14. A rapprocher de *Vers le Mont* en 1547.(Archives de Mâcon, FF. 3, fol CC.)

Rait[1], Aux Terres Quarrées, En Vaugelle [2]) ; de la nature du sol (le Bois des Sablières, les Boulets [3], Au Bourbillon, la Mouille, Aux Murgiers, la Perrière ; Taillis de la Pérale) ; de son degré de fertilité (Aux Bennes [4], les Condemines[5], En Raraz [6], La Taupière [7]) ; de sa culture, de sa végétation, de son emplantement (Aux Arbrelins, les Béluses [8], En Blotte [9], la Boucherette [10], les Brossès[11] Turreaux, le Brûlé[12], A la Bruyère, Aux Champs, En la Chardonnière, les Charmes, Aux Châtaigneraies, Aux Chènevières, En Crépigny [13], Au Creux de Chassagne, Aux Creux de Chassaigne [14], Au Creux Noyers, Aux Crux [15], Aux Essards, l'Essard Martin, l'Essard Pâquier, Aux Etroubles [16], la Fa [17], la Friche du Fiez, les Geniévres, la Jonchère [18], En Mépilly [19], les Nièvres [20], A la Plante, les Plantes, la Prairie, Pré du Lin, Prés Pommiers, En Sauly, le Sorbier, les Souchots, Au Surot, Aux Teppes, Aux Terres, Sur les Tillets, Tronches communales, A la Verchère, A la Verne, Aux Vessaules) ; de l'écoulement des eaux (le

---

1. Aux Raies.
2. Petite vallée.
3. *Terres du Boulet* en 1809.
4. *Paniers à raisin.*
5. Terres productives. (Larchey, *Dictionnaire des noms*, Paris, 1880, in-12, p. 109.)
6. Végétation rare.
7. Tas de blé.
8. Prunelles. *Es Belouses* en 1547 (Archives de Mâcon, FF. 3, fol. XII=I.)
9. Blote, bloste, motte de terre produite par le labour. (Godefroy, *op. cit.*, t. I, Paris, 1881. 'n-4°, p. 665.)
10. Diminutif de bouchet, petit bois.
11. Broussailles.
12. Diminutif de breuil. *En Breullé* en 1547 (Archives de Mâcon, FF. 3, fol. CC.)
13. Crépinière, épine-vinette.
14. *Cassanea*, chênaie.
15. Crue, accrue, extension d'un bois.
16. Esteule, estoule, estrouble, chaume. (Godefroy, *op. cit.*, t. III, Paris, 1884, in-4°, p. 611.)
17. *Fagus*, hêtre. *La Far* en 1493 (Archives de Saône-et-Loire, E. 349, n° 3, copie.) *Bois de la Grand Fa* en 1809.
18. *Jeanchire* en 1809.
19. *Mespiletum*, lieu planté de néfliers. De même *Salicetum* (saulaie, de *salix*, saule) a donné Saulcy (Aube).
20. *En Nyèvre* en 1547. (Archives de Mâcon, FF. 3, fol. IX=X.) Nom fréquent qui s'applique toujours à des prairies ou à des terres basses et humides.

Carruge du Russon [1], le Chanot, Ez Chanots, Pré de l'Etang). Beaucoup ont comme qualificatifs des noms d'hommes (Au Champ Fouillot, Au Champ Layet, Au Champ Martin, Champ Vallier, Aux Chapuis [2], Chez Colas, Derrière chez Lucquet, Sur chez Hugon, les Crets Carterot [3], l'Essard Martin, l'Essard Pâquier, En Margrand [4], Pré Chapeau, Pré Guerry, les Prés Rachassin, les Prés Vallerot, le Quart Martin, Sur Renaud, En Simonin, les Terres de Burdeau, les Terres Millet), ou des noms d'animaux (A la Charre des Loups, le Chevrier, Au Papillon, Pré des Anes, les Renardières, Terre de la Cabriole). Quelques-unes rappellent l'ancien domaine royal (le Creux à la Reine), le régime de la féodalité (le Bois du Fiez, la Friche du Fiez, A la Justice, Sous le Fiez), les propriétés des seigneurs (En Cinpoint [5]), celles des abbés de Tournus (Vignes l'Abbé), des curés (Terre du Curé), et des chapelains (Terre de Saint-Hubeau [6]), diverses constructions (Sur la Croix de Bois, Sur les Granges, Au Meurot, la Planchette, Pré du Pont, les Prés de la Tour, Terre du Four, Aux Vignes de la Mure).

L'étymologie de certaines d'entre elles est d'une identification particulièrement difficile. Telles Au Bégoin, Bois de la Douze, Aux Brailles, Brinchamp (Bronchamp en 1493 [7], En Brinchand en 1809), Chansanvy [8], Charvanson (Charbenson de Fissey, bois communal, en 1547 [9]), les Chires (Aux Prés des Chires en 1809), la Couarle (Aux Terres de la Couarle en 1809), A la Folie, En Foumeriole [10], les Fratières [11], Au Moulet, les Pedures, Au Raduré, Raussin (En Rossan, En Rossans, En

---

1. Russon, petit ruisseau.
2. Vers les Chapuys en 1547. (Archives de Mâcon, FF. 3, fol. IX××XIX.)
3. Se rencontre comme nom d'homme dès 1493. (Archives de Saône-et-Loire, E. 349, n° 3, copie.)
4. Margueran, Margeran.
5. Saint-Point. Cf. § V.
6. Saint-Thibaut. Cf. § XI.
7. Archives de Saône-et-Loire, E. 349, n° 3, copie.
8. Aujourd'hui *Champ Sauvy*.
9. Archives de Mâcon, FF. 3, fol. CC.
10. Aujourd'hui *En Fremiole*.
11. Fraterie, lieu infect. (Godefroy, *op. cit.*, t. IV, Paris, 1885, in-4°, p. 132.)

Rossain en 1547 [1], Au Ronsin en 1809), Aux Tanchelis, Vers Thoux (Vers Tours et Vers Toux en 1547 [2], Aux Vertouts en 1809).

III. — ORIGINES DE LA COMMUNE.

L'âge de pierre n'est représenté à Lugny, jusqu'à présent du moins, que par une hache polie, en jadéite, qui mesure 0 m.095 de la lame au talon, et 0 m.055 dans sa plus grande largeur. Elle a été trouvée au *Tarillot* [3].

Du temps de l'occupation romaine, on a signalé une faux en fer, qui figure au musée de Tournus et dont les dimensions, d'après le catalogue imprimé de cet établissement, sont les suivantes : « D. 0,96. L. 0,065 » [4]. On aurait, en outre, trouvé au hameau de Fissy des « monnaies de Dèce, Victorin, Postume, Tétricus I, Gallien, Claude le Gothique, Valentinien I (de 249 à 375 de notre ère) » [5].

L'époque burgonde a fourni deux importants cimetières, qui malheureusement ne semblent pas avoir été fouillés méthodiquement. Ils ont été explorés par M. Le Grand de Mercey et par lui décrits dans le bulletin de la *Société des amis des arts et des sciences de Tournus* [6]. Citons les passages essentiels de sa note, ceux qui étant descriptifs paraissent les moins sujets à contestation : « A l'est du village (de Fissy), au sommet du coté (?), est situé l'ancien cimetière lit.udit *aux Chapuys* et *aux petites Teppes*. Il occupait jadis plus d'un hectare... Le sol y est généralement rocheux ; mais par intervalles on trouve un calcaire en décomposition, tendre et friable, dans lequel les cercueils ont été déposés.

« Dans le courant du mois de janvier 1882, pour l'élargissement d'un chemin, on a entamé le sol des petites Teppes et fait quelques découvertes. D'abord, un mur, 55 centimètres d'épaisseur, en pierres de petit appareil

---

1. Archives de Mâcon, FF. 3, fol. VIII××XV, IX××IIII et IX××XVIII. — Raus, ros, roseau, chaume. (Godefroy, *op. cit.*, t. VII, Paris, en cours de publication. in-4°, p. 240.)
2. Archives de Mâcon, FF. 3, fol. IX××XI et CC.
3. Nous devons tous nos remerciements à M. Bouilloud, maire de Lugny, qui a bien voulu faire entrer cet objet dans notre collection.
4. *Catalogue du musée de Tournus*, Mâcon, 1886, in-12, p. 90, n° 53.
5. Le Grand de Mercey. Voir plus loin.
6. Tournus, 1882, in-8°, p. 13 et suiv.

liées au mortier de sable et de chaux. Une série d'assises régulières alterne avec un rang de petits moellons échantillonnés placés obliquement et parallèles. Il y avait, dans les déblais, du charbon de bois, des cendres, des os brûlés, des tessons de poterie romaine, un fragment de sonnette, une monnaie de l'empereur Postume (257 a. ap. J.-C.) IMP. C. POSTVMVS P. F. AVG. Revers : MINER. FAVTR., et une hachette en fer burgunde.

« Au nord du mur reposaient un cercueil monolithe et trois sépultures sous dalles à parois maçonnées.

« Le premier est une auge funéraire creusée d'aplomb dans un bloc de pierre calcaire tendre extrait d'un banc situé dans le massif qui est à l'ouest du hameau, à Charvançon. Ce cercueil est plus large à la tête qu'aux pieds de 24 centimètres. Le couvercle est d'une seule pièce et affleure les bords. Il présente verticalement, tout autour, une plate-bande de 10 centimètres de hauteur, et en dessus trois pans, dont deux inclinés et celui du milieu horizontal [1]. Ce monument est d'une mauvaise exécution ; il n'est qu'ébauché à la broche ou avec un marteau à pointes très léger, car les stries sont irrégulières et tortueuses. Il ne portait ni marques ni inscriptions.

« Il renfermait le squelette d'un individu de 30 ans environ, de taille moyenne.

« Des trois autres cercueils placés au midi, à quelques décimètres du premier, deux n'offraient aucun intérêt. Le troisième renfermait le squelette d'un individu (d'une jeune femme ?) de 20 à 25 ans, de petite taille [2]. Nous avons trouvé, dans la région du bassin, un cercle brisé, en fer, de 0^m79 de tour, renforcé sur plus d'un tiers de sa circonférence. Dans cette partie, l'objet a 8 millimètres sur 6 et s'amincit progressivement des deux côtés jusqu'aux deux extrémités, où il n'a plus que 5 millimètres sur 3. Ce cercle semble avoir rempli le but d'un ressort tendant à refermer la circonférence et à opérer une pression dans la direction du centre. Il était enveloppé d'une étoffe en biais sur les fils de laquelle l'oxyde de fer s'est moulé très fidèlement. Du côté droit du squelette, nous avons trouvé deux bouclettes à ardillons, en cuivre, dont une reposait sur la face antérieure du col du fémur.

---

1. « Longueur, 1^m98, profondeur, 0^m43 ; largeur à la tête, 0^m70, aux pieds, 0^m46 ; l'épaisseur moyenne est de 0^m095. Pans du couvercle, 0^m25 du côté de la tête, 0^m20 du côté des pieds, où il est coupé en sifflet sur 0^m22 de long ».

2. « Par exception cette sépulture était orientée du midi au nord. »

« Ces boucles sont de forme rectangulaire ; elles sont suivies d'une garniture qui fait charnière en embrassant le tourillon sur lequel tourne l'ardillon. C'est une feuille de cuivre repliée sur elle-même qui enveloppait une lanière qui devait avoir 2 millimètres d'épaisseur, maintenue par un rivet en fer [1].

« Ces objets ont conservé quelques traces d'une argenture légère. Les boucles présentent aux quatre angles un petit ornement composé d'un point dans un petit cercle ; cela paraît obtenu avec une mèche de vilebrequin ; le point du centre qui correspond au pivot de l'outil est gravé plus en creux que le cercle qui l'entoure. La garniture de la boucle est plus ornementée : ses trois bords libres sont dentelés ; ensuite est gravé, en un seul trait, un encadrement carré dont les quatre angles sont reliés par une ligne droite (croix de saint André) ; au centre, où se croisent ces lignes, la tête d'un rivet en fer dut faire l'effet d'une perle. Affleurant les bords intérieurs de l'encadrement, sont répétés, trois par trois, les petits ornements qui figurent aux angles des boucles [2].

« Quelle était l'utilité de ce cercle en fer associé à deux petites boucles ? Nous n'avions pas encore complètement vidé le cercueil de la terre et des objets qu'il renfermait, qu'un ouvrier qui enlevait nos déblais nous présenta une plaque de fer mince qu'il venait de trouver à nos pieds : 7 centimètres de longueur, 3 1/2 de largeur, brisée d'un côté, figurant de l'autre un demi-rond. Si nous avions trouvé cette plaque en contact avec le reste, la question était facile à résoudre ; c'était un brayer (bandage herniaire) avec toutes ses pièces. Mais la plaque nous est arrivée de seconde main. Si nous écartons l'idée chirurgicale, nous trouvons là nécessairement un détail du costume. Un petit cercle en fer, situé à 15 centimètres environ au-dessous de la taille, enveloppait cet ancien bourguignon, tenant le vêtement écarté et arrondi [3].

« A 30 mètres de là environ, au sud-ouest, dans un cercueil sous dalles, à parois maçonnées, un squelette d'homme portait à la première phalange du petit doigt de la main gauche une bague en bronze d'une facture

---

1. « Longueur des boucles 0ᵐ015, largeur 0ᵐ021, épaisseur 0ᵐ002, longueur des garnitures 0ᵐ027, largeur 0ᵐ014. »
2. « Ces objets sont de l'industrie burgunde... Nous devons ce renseignement précis à M. G. de Mortillet. »
3. Nous tenons à répéter ici que nous entendons laisser à M. Le Grand de Mercey l'absolue responsabilité de ses hypothèses.

assez commune. C'est un anneau plat et régulier, épais de 1 millimètre, large de 3. Un chaton massif, sans ciselures ni creux, s'étend sur le corps de la bague sur 8 millimètres, de même largeur que le corps de celle-ci. De chaque côté du chaton sont gravés en creux sept chevrons et trois traits transversaux.

« A quelques mètres plus loin, on atteint la limite sud-ouest du cimetière. Nous y avons fouillé cinq cercueils sous dalles qui ne nous ont rien donné d'intéressant. Dans ces parages on trouve quelques squelettes inhumés simplement dans la terre. A 0^{m}20 à peu près, au-dessus d'un de ces squelettes, vers le milieu du corps, se trouvait un vase contenant quelques fragments de vertèbres d'un quadrupède et d'os du croupion d'un volatile. Ce vase est fait au tour, se profile sur des lignes droites ; le pied et les rebords seuls sont arrondis. Il présente, sous la panse, deux bandes circulaires cannelées à la roulette et trois traits enlevés en creux parallèles aux premiers. Ce vase est en terre rouge mal cuite, colorée au dedans et au dehors en brun foncé [1]. Deux autres squelettes auraient été inhumés dans la position verticale. L'un avait la tête appuyée sur une tuile creuse dans laquelle avait été déposée une petite urne de la même fabrique que le vase décrit ci-dessus, mais d'une forme allongée. Terre rouge peu cuite, une couche de couleur brun-foncé à l'extérieur. Ornements : quatre petites bandes circulaires cannelées à la roulette, dont trois sous le col et une sous la panse [2]. La position verticale de ces deux squelettes nous étonne, au point de vue du mode de sépulture ; c'est un fait que nous n'avons pas vérifié.

« Dans ces parages, qui semblent correspondre à l'extrémité sud-ouest de l'ancien cimetière, restait un lambeau de terre inexploré. Nous l'avons fait fouiller. Nous avons trouvé, à un niveau correspondant à celui des fonds des sépultures sous dalles, des squelettes inhumés dans la terre, horizontalement, et orientés, comme les autres, au soleil levant. Dans la région des membres inférieurs, trois fois sur la même ligne nous avons remarqué des tessons de poterie ; ils étaient entassés en assez grand nombre et

---

[1]. « Diamètre du pied, 0^{m}075 ; à 0^{m}053 à partir du pied le vase atteint son maximum de panse, 0^{m}168 ; diamètre à l'orifice, 0^{m}155 ; hauteur totale, 0^{m}090. »

[2]. « Diamètre du pied, 0^{m}035 ; à partir du pied le vase atteint son maximum de diamètre, 0^{m}079 ; diamètre à l'orifice, 0^{m}056 ; hauteur totale, 0^{m}118 ».

dans un rayon assez restreint pour que nous pensions que le vase y fut déposé jadis en entier. Ces vases sont façonnés à la main et non au tour, d'une pâte noire et grossière mélangée de fragments de calcaire, très peu cuits [1].

« Il y a quelques années, M. J.-M. Bouilloud, actuellement maire de Lugny, faisant faire des défrichements dans son domaine de Saint-Pierre, mit à découvert plusieurs sépultures sous dalles. Dans l'une se trouvaient quatorze grains de collier en verre de couleur, pour la plupart côtelés (de six et huit côtes de melon), de diamètres inégaux compris entre 7 et 18 millimètres. Six jouent assez bien l'ambre transparent ; les autres sont verts, bleus et noirs. De ce nombre deux grains figurent de petites torches en pâte noire ; ils sont incrustés, sur le pourtour, d'un feston en zigzags, à pointes, d'un émail bleu d'azur sur l'un et jaune clair sur le second. Ces objets sont de provenance burgunde... » [2].

De l'époque franque passons au moyen âge. Nous trouverons dans les cartulaires de l'église Saint-Vincent de Mâcon, des abbayes de Cluny et de Tournus, plusieurs mentions de Lugny, de Collongette et de Fissy.

---

1. « M. de Mortillet pense qu'ils appartiennent à la poterie gauloise d'avant la conquête. »

2. « La plupart de ces objets sont conservés au musée de Tournus. Ils sont ainsi décrits au *Catalogue* imprimé (p. 93 et 94) : « SÉPULTURES GALLO-ROMAINE ET BURGONDE DE LUGNY. — N° 81. Brayer, cerceau en fer de 0,79 de pourtour, 0,088-0,006, avec plaque et boucles en bronze, trouvé aux Chapuys, commune de Fissy, IV° ou V° siècle. — N° 82. Quatorze grains de collier en émail, cercueil sous dalle de Saint-Pierre, commune de Fissy, V°siècle.—N°83.Hachette burgonde en fer trouvée aux Chapuys,commune de Fissy, près d'un sarcophage monolyte, V° siècle. L. 0,105. L. 0,080. E. 0,028. — N° 84. Vase funéraire en terre rouge coloré en dehors et en dedans brun foncé, trouvé aux Chapuys. H. 0,090. — N°° 85-86. Vases funéraires en terre rouge semblables au précédent,trouvés à Fissy.H.0,07.L. 0,15.—N°87.Vase funéraire en terre rouge, rétréci dans le haut, forme conique, coloré en dehors et en dedans en brun foncé. H. 0,118. — N° 88. Vase funéraire en terre rouge, rétréci dans le haut, *forme conique*, orné de larmes en relief, coloré en brun foncé. — N° 89. Petit vase, forme évasée, en terre grise rougeâtre, non vernissée, steppes de Fissy. H. 0,075. D. 0,11.— N° 90. Petit vase en terre jaune peinte en rouge, sépulture des steppes de Fissy. H. 0,036. D. 0,080. — N° 91. Vase plat en terre rouge très évasé et peu cuit, sépulture des steppes de Fissy. H. 0,058. D. c,130. — N° 93. Crâne burgonde trouvé à Fissy. — N° 94. Petit taureau en terre blanche friable ou plâtre, moulage, trouvé à Fissy. L. 0,125. »

D'abord, en 894, le roi Eudes confirma un acte par lequel *Franco*, évêque de Nevers, abandonnait à un nommé *Rocco*, quatre meix en culture et une terre en friche à Fissy, outre divers biens dépendant de l'église Saint-Cyr dudit Nevers, en échange de deux meix, l'un à Collonge, l'autre à Lugny. L'usufruit de ces derniers était réservé, leur vie durant, à la femme dudit *Rocco*, *Guarva*, et à leurs enfants, *Raculfus* et *Leutrada*, qui s'engageaient à payer dix sous de cens annuel au curé dudit Saint-Cyr et lui laisser, après eux, lesdits meix amendés [1].

En 981, *Vuilibertus*, fils d'un autre *Vuilibertus*, donna à l'abbaye de Cluny, ce qu'il possédait à Lugny, un meix avec ses appartenances, des champs, des vignes, des prés, des bois, la source dudit Lugny, un moulin, des verchères, des terres en culture et en friche [2]. L'année suivante, l'abbé Mayeul, échangea [3] tout cela avec *Dodo* et sa femme *Girberga*, contre des biens et des droits à La Chassagne [4].

En 982, *Rodbertus*, prêtre, donna aussi à Cluny ses terres, vignes, prés, bois, pâcages et moulins de Lugny [5].

En 993 encore, *Humbertus* et *Girbergia*, son épouse, lui assurèrent, au premier décès de l'un d'eux, leur meix de Collongette [6].

En 1019, *Teuza* et ses fils, *Warulfus* et *Vualterius*, déguerpirent à l'abbaye certaines terres dont ils lui avaient contesté la propriété et qu'elle tenait de *Raculfus*, notamment au lieu de Collongette [7].

En 1119, une bulle du pape Calixte II confirma l'abbaye de Tournus dans la possession de toutes ses églises, entre autres de celle de Fissy au diocèse de Mâcon [8].

---

1. Ragut, *op. cit.*, p. 75 et 76.
2. Bernard et Bruel, *op. cit.*, t. II, p. 608 et 609.
3. Id., ibid., p. 652 et 653.
4. Lieudit, commune de Lournand.
5. Bernard et Bruel, *op. cit.*, p. 648 et 649.
6. Id., t. III, Paris, 1884, in-4°, p. 182 et 183.
7. Id., ibid., p. 741-743.
8. Archives de Saône-et-Loire, H. 178, n° 1. — Ce fait de la possession de l'église de Fissy par l'abbaye de Tournus, nous donne à penser qu'on ne peut identifier (Chavot, *op. cit*, p. 141) avec Fissy le *Finiciacus* ou *Ficiniacus* dont l'église avait été donnée vers 920 par *Arlebaldus* et sa femme *Arsendis*, à l'abbaye de Cluny (Bernard et Bruel, *op. cit.*, t. I, Paris, 1876, in-4°, p. 506.) Il y a là une erreur de scribe ; il faut lire *Siniciacus* (Sennecé) comme dans les chartes n°° 2027, 2028, 2277, 2325, 2330, 2364, etc., du même recueil.

Enfin, un état des revenus du chapitre de Saint-Vincent de Mâcon à Vérizet et dépendances, dont la rédaction est attribuée au XII° siècle par le savant auteur de la préface du *Cartulaire*, nous apprend que le meix de Bernard de Fissy payait sept deniers et qu'en outre il devait peut-être la *marescalicia* [1] et le *complacitum generale* [2].

IV. — LE DOMAINE ROYAL.

La châtellenie de Vérizet, dont dépendaient autrefois (1553) douze paroisses (Bissy-la-Mâconnaise, Blanot, Clessé, Lugny, Montbellet, Péronne, Saint-Albain, Saint-Gengoux-de-Scissé, Saint-Mauris et Champagne, La Salle, Vérizet, Viré) [3] appartenait depuis 1171 [4] à la fois et par moitié au roi de France et à l'évêque de Mâcon. Henri IV engagea, en 1596, ses droits à Jean de Chandon, premier président de la cour des aides, qui les revendit la même année à Pierre Chesnard, grenetier des greniers à sel de Mâcon [5]. Ils passèrent ensuite et successivement à Zacharie Pelez, seigneur de Marigny, lieutenant en l'élection dudit Mâcon (1597) [6], à Jean-Baptiste Chevillard-Morin (1601) [7], et à Jean Galopin, bourgeois de Cluny (1623), qui s'en dessaisit en faveur de l'évêque en 1624 [8]. Celui-ci réunit ainsi les deux portions de la châtellenie et les conserva jusqu'à la Révolution.

Les ténemεntiers de la châtellenie étaient, au commencement du XV° siècle, justiciables du Roi, astreints au guet du château de Vérizet, à sa défense et à son entretien [9]. Ils payaient, en outre, un droit de *garde*, acquitté à la Saint-Martin d'hiver tantôt en nature et tantôt en argent.

---

1. « Droit qu'avaient les seigneurs de prendre du foin, de l'avoine, etc., pour la nourriture de leurs chevaux ». (Chavot, préface du *Cartulaire de Saint-Vincent*, *op. cit.*, p. CII.)
2. « Cette redevance peut être prise dans le sens de *foagium*, droit dû au seigneur pour chaque feu ». (Id, ibid.)
3. Archives de Saône-et-Loire, G. 109, n° 16.
4. Id., E. 350, n° 15, copie.
5. Id., G. 110, n° 2.
6. Id.
7. Id., G. 110, n° 4.
8. Id., G. 110, n° 25.
9. Id., G. 108, n° 11, et 109, n° 40.

A *Lugny*, en 1410, il n'y avait que trois ténementiers de la châtellenie : Jeannette, veuve de Jean Guynoyre, *alias* Saulvaige, taxée à 3 deniers parisis ; — Jean Verrier, à 6 deniers parisis ; — Pierre Pasquaul, à 2 deniers parisis [1].

Au village de *Fissy*, que l'on distinguait de celui de *La Chapelle de Fissy*, il y avait, en 1409-1410, vingt-trois ténementiers : Etienne Lambert ; — Guichard Lambert ; —Jean Lambert;— Guillaume Lagey ; — Huguenin Goreboud ou Gorrevoux ; — Anne, femme de Jeannet du Carrouge ; — Guyette, veuve de Jean Fraignault ; — Philibert Grimoyre, ou Grinoire, ou Guinoyre ; — Benoît Giroud ; — Benoîte, veuve de Jean Giroud ; — Jean Gorrebout ; — Guicharde de Lorme, veuve de Huguenin Michelet ; — Guillaume ou Guillemet Brer ; — Guillaume de Lorme ; — Jean du Pont ; — Benoîte, veuve de Guillaume Gorreboult ; — Colas A La Langue ; — Guillaume Chevret ; — Renaud Génelier ; — Jean Chapotet ; — Huguenin de La Verrière ; — noble Jean de Filiens (Feillens) ; — Philibert Guinoyre le jeune [2].

A *La Chapelle de Fissy*, cinq ténementiers en 1410 : Guichard Lambert ; — Etienne Lambert; Jean Bénechet, *alias* Maschureaul ; — Guillaume des Prey, *alias* Bon Villain ; — Jean Saulvaige, *alias* Guinoyre. [3]

A Fissy et à La Chapelle de Fissy la garde était payée, soit en argent, soit en avoine, soit en cire.

Jean de Lugny était châtelain pour le Roi en 1467 [4].

En 1525, la recette de la châtellenie s'éleva pour Champvent, Lugny et Fissy, au total suivant : avoine, 2 coupes coupes combles, 12 coupes 1/5 coupes rases ; argent, 10 blancs, 3 deniers parisis ; cire, 1 livre 1/2, 1 quarteron, 1/6 et 1/8 de livre. [5]

V. — LA SEIGNEURIE DE LUGNY.

Nous n'avons qu'un dénombrement de la seigneurie de Lugny, celui que donna Jean de Lugny en 1539.

Il y déclare « tenir :ière le Roy, en son bailliage de

---

1. Archives de Mâcon, FF. 3, fol. XII^{xx}-XII^{xx}II.
2. Id., FF. 3, fol. VIII^{xx}XIIII-IX^{xx}XVII.
3. Id., fol. IX^{xx}XVIII-CCI.
4. Id., FF. 6 et 7.
5. Archives de Saône-et-Loire, G. 109, n° 9.

Masconnoys, en foy et hommage : 1° la terre et seignorie de Lugny en toute justice, haulte, moyenne et basse, mère, mixte et impère, à charge de « comparoir au rière-ban audict lieu de Mascon, et y faire le debvoir et service tel qu'il luy plaira commander », ladite seigneurie valant 800 livres tournois de ferme par an, « sur quoy fault distraire la terre et seignorie de Bissy-la-Masconnoyse, tenue (par ledit Jean) de Monseigneur l'Evesque de Mascon, de la valleur de deux cens livres tournoys de rante annuelle »; 2° « les diesmes en ladicte terre et seignorie de Lugny, tant de bled que de vin, que ledict seigneur tient en foy et hommage dudict seigneur évesque, de valleur et estimation chascun an de la somme de cent livres tournoys [1]. »

Le terrier qui a dû être fait en suite des lettres de rénovation obtenues par Claire-Françoise de Saulx-Tavannes, dame de Lugny, en 1675, [2] ayant été malheureusement détruit [3], nous manquons de détails sur la nature et le produit des droits seigneuriaux qui frappaient les habitants.

De bonne heure les seigneurs avaient cherché à s'affranchir des charges de leur terre pour n'en conserver que les avantages. Ainsi on voit Jean de Saulx-Tavannes demander, en 1599, à être rayé des rôles de l'arrière-ban où il a été compris « quoy que, pour les dignitez qu'il tient et services qu'il a faictz, il soit exempt [4]. »

L'exercice de la justice devait peu rapporter.

Des rentes, cens et servis nous savons peu de chose. Jean de Lugny, damoiseau, seigneur du château ou maison forte d'Igé, vendit à Me Humbert de Mont-la-Ferté, licencié ès lois, citoyen de Mâcon, et aux enfants de feu Philibert de Mont-la-Ferté, frère dudit Humbert, à raison de 200 livres tournois, puis leur reprit à cens, moyennant 13 livres 1/2 par an, les rentes, cens et servis avec la justice haute, moyenne et basse, qu'il avait conservés tant à Lugny qu'à Fissy [5].

En 1756, les cens donnèrent : en argent, 1,093 livres, 5 sous ; en grains, 10 bichets et 6 coupes de froment,

---

1. Archives de Saône-et-Loire, E. 349, n° 4.
2. Archives de Saône-et-Loire, B. 1208, n° 3.
3. Le 10 novembre 1793, Philibert Munier, notaire à Lugny, remit au conseil général de la commune plusieurs terriers, dont celui de la seigneurie de Lugny signé A La Martine, qui furent aussitôt brûlés sur la place de l'arbre de la liberté. (Archives de Lugny, D. 1.)
4. Archives de Saône-et-Loire, B. 934, n° 1.
5. Archives de Saône-et-Loire, E. 353, n° 8.

6 bichets et 8 coupes d'avoine, 6 coupes d'orge, 2 coupes de fèves, 1 coupe de noix [1].

Les lods naturellement étaient variables.

La halle, qui appartenait au seigneur, à raison de ses droits de foires et marchés [2], était affermée, en 1755, 200 livres par an et 6 poules à la Saint-Martin [3].

Le droit d'usage dans les bois de Chapaize, qu'avaient anciennement les seigneurs, à cause de leur terre de Lugny, d'après la déclaration de Jacques de Lugny, insérée au terrier de Brancion en 1449[4], dut tomber assez tôt en désuétude.

Au seigneur de Lugny appartenaient également, à raison de sa baronnie, le tiers avec le seigneur de Senozan et les habitants de Fleurville du droit de passage sur la Saône audit Fleurville, et la totalité de celui de Saint-Jean-le-Priche [5].

Le territoire de la paroisse comprenait deux dîmages à la fin du XVe siècle : 1 un appartenait au curé; l'autre, pour 5/8 à Liébaud, chevalier, seigneur de Lugny, et pour 3/8 à Jean, damoiseau, seigneur de Saint-Point [6], réservé le peu revenant au cellérier de l'abbaye de Tournus, au chapelain de Sainte-Catherine d l'église de Lugny et au

---

1. Archives de l'Ain, E. 167, n° 7.

2. En 1757 il était de ce chef imposé au rôle des vingtièmes pour la somme de 18 sous, 3 deniers. (Archives de Saône-et-Loire, C. 752.)

3. Archives de l'Ain, E. 167, n° 7. Les vieilles halles seigneuriales en bois viennent d'être remplacées par une construction neuve (1891).

4. Archives de la Côte-d'Or, B. 12021.

5. Les droits à percevoir avaient été réglés par des arrêts du conseil d'Etat au mois d'avril 1747. Voici le tarif appliqué au bac de Saint-Jean-le-Priche : par piéton, 6 d. ; par cavalier, 1 s. ; par cheval, mule ou autre bête de somme, chargée ou non chargée, y compris le conducteur, 1 s. ; par chaise ou autres voitures attelées d'un cheval, 1 s., 6 d. ; par litière, carosse, coche, charrette ou charriot attelés de deux chevaux, mulets ou bœufs, 2 s.; par cheval, mulet ou bœuf d'augmentation auxdites voitures, 6 d. ; par bœuf ou vache, 6 d. ; par porc ou chèvre, 3 d. ; par cent de moutons ou brebis, 8 s., 4 d. Les personnes qui étaient dans les voitures, ainsi que les marchandises, ne payaient de droits que pour lesdites voitures. (Archives de Saône-et-Loire, II. L. 2, Mâcon.)

6. Ce seigneur ne possédait à Lugny que quelques cens, rentes et servis, avec la portion de justice haute, moyenne et basse y afférente. (Archives de Saône-et-Loire, E. 349, n° 3.)

recteur de l'hôpital Saint-Jacques de Mâcon [1]. A la suite d'une contestation survenue en 1493 entre les trois codécimateurs principaux, touchant les novales qu'avaient levées les seigneurs, et que revendiquait le curé, celui-ci renonça non-seulement aux novales de question, mais encore à l'indemnité qu'il réclamait, soit 10 livres tournois par an depuis la date de sa nomination (1477) [2].

Les dîmes étaient évaluées en 1685 : celle du seigneur, à 40 bichets de blé et 30 poinçons de vin ; celle du curé, à 8 ânées de blé ; celle de l'abbé, à une ânée de blé et une botte de vin [3].

Voici le produit, en 1768, des dîmes tant grosses que menues de la seigneurie. Grain : froment, 51 ânées ; blondée, 3 ânées, 8 coupes ; orge, 1 ânée, 12 coupes ; fèves, 4 ânées ; pois, 2 ânées ; pesettes, 2 coupes ; turquie, 3 ânées. Vin : première cuvée, 34 feuillettes ; deuxième cuvée, 31 feuillettes ; troisième cuvée, 22 feuillettes [4].

Le seigneur ne payait pas de *frais d'amas* pour lesdites dîmes, « et ensuitte il faisoit encore livrer ses denrées aux ports qui lui plaisoit ; cette livraison se faisoit par les emphitéotes, en compensation de certains pâturages accordés par M. Labaume dans ses bois et prés en faveur des habitants de Lugny [5]. »

En 1790, le fermier de la baronnie déclara que la dîme se percevait *à l'onze* et qu'elle produisait année commune « 70 asnées de bled froment, 7 asnées de feives, 6 asnées de turquis, 1 asnée d'orge, 3 coupes de poids, 5 coupes de pesettes, 3 coupes de nantilles, 900 poignées de chanvre, 4 gros palliers de froment et 80 bottes de vin, le tout à la mesure de Tournus [6]. »

La recette totale faite à Lugny pendant les sept ans (février 1751-février 1758) de la gestion de M. Gilbert Séméraire, régisseur des biens de la comtesse de Montrevel, a été de 67,906 livres, 3 sous, 10 deniers, soit des baux, 19,309 livres, 6 sous, et de ce qui n'était pas affermé, 48,595 livres, 17 sous, 10 deniers [7].

---

1. En 1687 le curé acquit la dîme de l'abbaye de Tournus qui était située à Fissy ; quant aux deux autres dîmes ecclésiastiques, elles paraissent avoir été « anglobées par les seigneurs dans la leur ». (Archives de Lugny, D. 1, délibération du 21 avril 1792.)
2. Archives de Saône-et-Loire, E. 349, n° 3.
3. Archives de Saône-et-Loire, C. 562, n° 4.
4. Archives de l'Ain, E. 179, n° 16.
5. Archives de Lugny, D. 1, délibération du 21 avril 1792.
6. Archives de Saône-et-Loire, Q, Déclarations de dîmes.
7. Archives de l'Ain, E. 167, n° 3.

En 1778, M. de Montrevel amodia, moyennant 8,600 livres par an, plus 600 livres de pot-de-vin et 240 livres pour les frais, « la grosse grange scituée au bourg de Lugny et dépendances,—la petite grange, sans battiments, — la dixme telle que le seigneur est dans l'uzage de la percevoir, sçavoir le bled à l'onsième gerbe et le vin à la dousième benne, — le grand grenier étant sur la cave des mulets en entrant dans la cour du château et celle qui est derrière les grandes écuries donnant sur le bois, un logement pour le fermier, — la basse-cour où sont les cuves et deux pressoirs, sous la réserve de la plus petite, du colombier et du jardin qui fait fasse à cette basse-cour, — le reguin des prés de Laveau et de Nièvre, — enfin les bestiaux qui composent le chetel dudit domaine, — réservé audit seigneur les pailles de froment, blonde et seigle, qui proviendront de la dixme, les challoux et balloux [1] desdites pâilles, sa grande vigne, une petite vigne et une terre, deux autres vignes, les bois taillis, forêts et la dixme desdites *vignes* [2]. »

La même année M. de Montrevel amodia, à raison de 3,600 livres par an, plus 240 livres d'étrennes, « le domaine de Bissy-la-Mâconnoise, ensemble les dixmes et droits de dixmes qui en dépendent et qui se lèvent dans le territoire dudit Bissy et de Charcuble pour ce qui dépend dudit Bissy seulement, avec les bléries et couppes de feu, — un autre domaine situé audit Bissy et dépendances,—la tour de Boye et battiments en dépendants, les deux cuves, les prés, dixmes des bleds, vins, tramys et chanvres, ensemble les blairies et poules de feu dues tant par les habitants dudit Boye que de Banzon [3], — les quatre domaines du Grand-Bois, prés, terres, vignes et dépendances situés dans la paroisse de Lugny, — enfin la moitié des fumiers provenants des écuries de Lugny dudit seigneur, — reservé les bois taillis, de même que tous les challoux (et) balloux provenant de la battue des dixmes dudit Lugny [4]. »

Une lettre écrite à la comtesse de Montrevel, par M.

---

1. Glumes et glumelles.
2. Archives de Saône-et-Loire, E. 349, n° 33.
3. C'est plutôt, *croyons-nous*, et quoiqu'en dise un mémoire imprimé conservé aux Archives de l'Ain (E. 158), comme seigneur de Bissy que comme baron de Lugny, que M. de Montrevel était décimateur de Boye et de Banzon. L'abbaye de Cluny éleva en 1784 des prétentions sur une partie de ces dîmes (Id.)
4. Archives de Saône-et-Loire, E. 349, n° 34.

Poncet, curé de Lugny, le 13 août 1745, nous apprend ce que les seigneurs pensaient à cette époque de leurs sujets : « ... J'ai trouvé deux inventaires... Dans l'un il y a un accord entre le seigneur de Lugny et les habitans de Fissy pour les bois de la Reculée et de Charvanson, et un accord avec les habitans de Lugny et le seigneur dudit lieu pour la renonciation de tous les droits qu'ils avoient prétendut avoir sur les bois de Lugny pour le glandage et vaine pâture... Vous êtes leur dame et maîtresse, et par conséquent leur protectrice, et leur tenés lieu de pasteur ; eux sont vos serviteurs et vos *brebis*. Vous savés mieux que moi, Madame, qu'il est *bon d'en prendre la laine*, mais en laisser la racine [1]... »

VI. — LES SEIGNEURS.

La seigneurie de Lugny a été le berceau d'une ancienne et illustre maison de chevalerie dont on disait en manière de proverbe :

N'est pas oyseau de bon nid
Qui n'a plume de Lugny.

Elle portait pour armes d'azur à trois quintefeuilles d'or, posés deux et un, et sept billettes de même, posées trois, une et trois.

Par des acquisitions, des alliances et des héritages elle posséda, outre Lugny, les fiefs d'Igé, de Montbellet, de Flacé, de Ruffey, de Loise et de Lessard [2].

Seguin de Lugny, évêque de Mâcon de 1242 à 1262, et Robert de Lugny, chancelier des ducs de Bourgogne en 1360 [3], sont sans doute de ses membres.

La ligne directe, celle des barons de Lugny, dont se sont séparées trois branches, celles des seigneurs de Ruffey et Lessard, de Loise, d'Igé et Montbellet, part de Josserand de Lugny, au milieu du XIVe siècle [4], et s'éteint avec Jean de Lugny au milieu du XVIe.

---

1. Archives de l'Ain, E, 182, n° 37.
2. Arcelin, *Indicateur héraldique et généalogique du Mâconnais*, Paris et Mâcon, 1866, in-8°, art. Ligny (*sic*).
3. Archives de la Côte d'Or, B. 1408.
4. Les documents actuellement connus ne permettent pas de remonter plus haut.

La terre de Lugny passa successivement depuis cette époque aux Chabot[1], aux Saulx-Tavannes[2] et aux La Baume-Montrevel[3].

Voici la série des seigneurs[4] :

I. — Josserand de Lugny, chevalier, seigneur dudit lieu, vivant en 1340, testa en 1368 et mourut, laissant de Marguerite, dame de Pizay, Jean, qui suit.

II. — Jean[5] de Lugny, chevalier, seigneur dudit lieu, époux de Jeanne, dame de Nanton et de Ruffey, dont il eut Jacques, qui suit.

III. — Jacques de Lugny, chevalier, seigneur dudit lieu, de Ruffey, de Lessard, d'Allerey et de Gissey, marié le 27 juin 1431 avec Catherine de Dyo, dont il eut Liébaud, qui suit. Il avait 40 ans en 1442[6].

IV. — Liébaud[7] de Lugny, chevalier, seigneur dudit lieu et de Lessard, épousa le 26 février 1467 Agnès de Lévis, puis Philiberte[8] de Saint-Trivier, dame en partie

---

1. Armes : d'or à trois chabots de gueules. La branche des marquis de Mirebeau écartelait : au deuxième, de Luxembourg, qui est d'argent au lion de gueules, armé, lampassé et couronné d'or, la queue fourchée et passée en sautoir ; au troisième, de Baux, qui est de gueules à une étoile de seize rais d'argent.(Arcelin, *op. cit.*, art. Chabot).

2. Armes : d'azur au lion d'or couronné de même. (Arcelin, *op. cit.*, art. Saulx-Tavannes.)

3. Armes : d'or à la bande vivrée d'azur. Cimier : un cygne d'argent. Supports : deux griffons d'or. Cri : *La Baume !* (Arcelin, *op. cit.*, art. Baume-Montrevel.)

4. Nous la donnons d'après Guichenon (*Histoire de Bresse*, Lyon, 1650, in-f°, *Généalogies*, p. 31 et 55, Pérard,*Histoire de Bourgogne*, Dijon, 1739-1781, 4 vol. in-f°, t. II, p. 409 et suiv., et Moréri, *Grand Dictionnaire historique*, Paris, 1732, 6 vol. in-f°, art. Baume-Montrevel, Chabot et Saulx). On trouvera en note l'indication des sources de divers renseignements puisés ailleurs que dans ces trois ouvrages.

5. Jacques, d'après Saint-Julien, *Antiquitez de Mascon*, Paris, 1580, in-f°, p. 313.

6. Voir J.-L. Bazin, *Un épisode du passage des écorcheurs en Chalonnais (1436)*, extrait des *Mémoires de la Société bourguignonne de géographie et d'histoire*, t. VI, Dijon, s. d., in-12, p. 12.

7. On trouve son nom orthographié *Liobardus*, *Liobaudus* (Archives de la Côte-d'Or, B. 11137), *Liébault* (Id., B. 11811), *Libaudus*, *Libauldus*, *Libaudius* et *Libaudinus* (Archives de Saône-et-Loire, E. 349, n° 3.)

8. Marguerite, d'après Saint-Julien, *op. cit.*, p. 313.

de Branges [1]. Il eut du premier lit, Jean II, qui suit. Il vivait encore en 1495 [2].

V. — Jean II de Lugny, chevalier, seigneur dudit lieu et de Lessard, épousa le 24 février 1505 Catherine de Rossillon, dont il eut Jean III, qui suit.

VI. — Jean III de Lugny, chevalier, seigneur dudit lieu, comte de Brancion, baron de Saint-Trivier, de Branges, de Blaignac, de Lessard et de Sagy, testa en 1552 [3]. Il épousa : en premières noces (le 8 mai 1530), Catherine, dame de Saint-Trivier et de Branges, dont il eut Aimé-Charles, comte de Brancion, baron de Branges, de Blaignac, de Lessard et de Sagy, mort sans alliance ; en secondes noces (le 25 avril 1542), Françoise de Polignac, dont il eût Françoise, qui suit. Françoise de Polignac, dame de Lugny, figure comme partie dans diverses causes civiles plaidées au bailliage de Mâcon en 1565, 1566, 1577 et 1579 [4].

VII. — Françoise de Lugny, dame dudit lieu, de Branges et de Lessard, comtesse de Brancion, épousa en 1558 [5] François Chabot, marquis de Mirebeau, comte de Charny, baron de Brion et de Fontaine-Française, seigneur de Beaumont-sur-Vingeanne et de Charroux, à qui elle donna Catherine, qui suit. Elle mourut probablement en 1566 [6].

VIII. — Catherine Chabot, dame de Lugny, épousa le 14 janvier 1579 Jean de Saulx, vicomte de Tavannes, baron de Sully et d'Igornay, seigneur de La Marche et du Val-Saint-Julien, gouverneur d'Auxonne, puis lieutenant du Roi dans l'Auxerrois, et maréchal de France, qui testa en 1629. Elle lui donna Charles, qui suit, et mourut en 1587. D'un second mariage (12 janvier 1595) avec Gabrielle des Prez de Montpezat, Jean de Saulx eut, entre autres enfants, deux fils qui, suivant Pérard (*op. cit.*), prirent le titre de vicomtes de Lugny : Henri, né en 1597, mar-

---

1. Archives de Saône-et-Loire, E. 790.
2. Archives de Saône-et-Loire, E. 349, n° 3.
3. Il devait être déjà mort (voir plus loin) à l'époque (1567-1569) où l'*Inventaire des archives de la Côte-d'Or* (B.5173) lui fait adresser par le procureur du Roi au bailliage de Mâcon, une « injonction de produire les lettres de la qualité de sa maison, pour faire connaître s'il était de ceux à qui il était permis d'exercer la religion prétendue réformée. »
4. Archives de Saône-et-Loire, B. 839, 840, 854 et 861.
5. Archives de Saône-et-Loire, B. 840, n° 1.
6. Id.

quis de Mirebeau, seigneur de Sully, d'Igornay et du Val-Saint-Julien, lieutenant général pour le roi en Bourgogne, mort en 1653, et Jacques, né en 1600, seigneur de Villefrancon [1], colonel du régiment de Navarre, mort au siège de Montauban en 1621. Jean de Saulx figure comme partie dans une cause civile plaidée au bailliage de Mâcon en 1609 [2].

IX. — Charles de Saulx, marquis et seigneur de Lugny, comte de Brancion [3], vicomte de Tavannes, baron de Lessard et Montpont, seigneur de Chérizet et autres lieux, commandant pour le Roi du château de Lourdon, bailli du Mâconnais [4], épousa Philiberte d'Occors de La Tour, dame de Lieufranc, dont il eut Claude-François, qui suit, et une fille, Claire-Françoise, qui suit. Il figure comme partie dans diverses causes civiles plaidées au bailliage de Mâcon en 1596, 1598, 1610 et 1625 [5]. Sa veuve y figure en 1633[6], mais il était mort dès 1630 [7]; le 4 mars 1639 elle reprit le fief de Lugny en qualité de mère et baillistre de ses enfants [8] et mourut en 1648 [9].

X. — Claude-François de Saulx, marquis et seigneur de Lugny, comte de Brancion, vicomte de Tavannes, mort au mois de septembre 1646 sans alliance.

XI. — Claire-Françoise de Saulx, marquise et dame de Lugny, comtesse de Brancion et de Cruzille [10], épousa le 2 janvier 1647 Charles-François de La Baume, et lui donna, entre autres enfants, Jacques-Marie, marquis de Saint-Martin, comte de Montrevel et de Brancion, né en 1649[11], père par Adrianne-Philippine-Thérèse de Lannoy, de Melchior-Esprit, qui suit. Charles-François mourut au mois de mai 1666. Claire-Françoise reprit le fief de Lugny le 28 avril 1673 [12]; elle resta dame de Lugny jusqu'à son décès (mai 1701).

1. Et non *Villefrançon* comme dit Moréri.
2. Archives de Saône-et-Loire, B. 969.
3. Et non *Briançon* comme dit Moréri.
4. Ses lettres de provision sont du 21 décembre 1626. (Archives de Saône-et-Loire, B. 1089.)
5. Archives de Saône-et-Loire, B. 915, 926, 974 et 1043.
6. Id., B. 1079.
7. Pérard, *op. cit.*, t. II, p. 475.
8. Archives de la Côte-d'Or, B, 10737.
9. Archives de Saône-et-Loire, G. 378, n° 8.
10. Elle donna un dénombrement du comté de Cruzille en 1673. (Archives de Saône-et-Loire, E. *Inventaire des fiefs du Mâconnois*.)
11. Archives de Lugny, GG. 1.
12. Archives de Saône-et-Loire, E. *Inventaire des fiefs du Mâconnois*.

XII. — Melchior-Esprit de La Baume, comte de Montrevel, baron de Lugny, Marboz et autres lieux, maréchal des camps et armées du Roi, né en 1679, épousa en 1731 Marie-Florence du Châtelet de Lomont, dont il eut : Florent-Alexandre-Melchior, qui suit. Melchior-Esprit mourut en janvier 1740 ; Marie-Florence en octobre 1770 [1].

XIII. — Florent-Alexandre-Melchior de La Baume, comte de Montrevel, seigneur de Lugny, colonel du régiment de Montrevel (ancien de Berry), député de la noblesse du Mâconnais aux Etats généraux de 1789 [2], né en 1736, épousa en 1752 Mademoiselle de Choiseul-Chevigny, et en 1769 Mademoiselle de Gramont, reprit le fief de Lugny le 12 mars 1774 [3] et fut condamné à mort le 19 messidor an 11 (7 juillet 1794) par le tribunal révolutionnaire de Paris, comme complice d'une conspiration tramée à la prison du Luxembourg où il était détenu. Il n'a pas laissé de descendance [4].

VII. — LE CHATEAU.

Le château de Lugny, très fort au moyen âge, était flanqué de plusieurs tours et ceint de fossés remplis d'eau par la source qui jaillit au pied de la montagne. Il avait subi, vers 1368, dit-on [5], les dévastations d'une compagnie d'écorcheurs.

---

1. Archives de Lugny et de Mâcon, GG., *passim*.
2. Dans un document de la fin du XVIIIᵉ siècle (1788), le dernier seigneur de Lugny, « très haut et très puissant seigneur Monseigneur Florent-Alexandre-Melchior de La Baume, d'Occors, d'Agoust et de Vesq » est qualifié « compte du Saint-Empire, Montrevel, Cruzilles et autres places, marquis de Saint-Martin-le-Châtel, Biolières et dépendances, baron de l'Abbergement, Lugny, Leyssard, Vésines, Asnières, Marboz, Foissiat, Châtellet, Saint-Etienne-du-Bois, Saint-Etienne-sur-Reyssouze, Bonrepos, Chay et autres places, seigneur de Chales, Tourterelles, Nobles, Marcey, Genai, Liefranc, Gevigney et autres seigneuries, maréchal des camps et armées du Roy, chevalier de l'ordre royal et militaire de Saint-Louis, et encore chevalier d'honneur au parlement de Bezançon ». (Archives de Saône-et-Loire, E. 349, n° 36.)
3. Archives de Saône-et-Loire, E. *Inventaire des fiefs du Mâconnois*.
4. Archives de Lugny, GG., *passim*. — Gloria, *Le Comte de Montrevel (1736-1794)* dans les *Annales de l'Académie de Mâcon*, 2ᵉ série, t. I, Mâcon, 1878, in-8°, p. 297 et suiv.
5. Monnier, *Notice historique de l'arrondissement de Mâcon* dans l'*Annuaire de Saône-et-Loire* pour 1829, Mâcon, 1829, in-12, p. 132.

A partir du XVIe siècle il cessa d'être habité d'une manière continue par ses seigneurs. Les de La Baume-Montrevel, notamment, lui préféraient leur château de Challes en Bresse, leurs hôtels de Paris et de Mâcon. Ils n'y venaient plus guère qu'à la saison des chasses : « M. le comte de Montrevel, écrit le 28 octobre 1775, M. André, commissaire à terriers, de Pont-de-Vaux, à M. de Fitte, lieutenant-colonel d'infanterie, à Mâcon, M. le comte de Montrevel est actuellement à Lugny, où il a grande compagnie ; Mgr l'Evêque d'Autun en fait partie avec M. de La Combe, capitaine dans le régiment de Berry [1]. »

L'incendie du château, en 1789, n'épargna que les deux tours de l'entrée, le colombier et une partie des communs. Nous avons de ce déplorable événement plusieurs récits qu'on lira tous, malgré redites et longueurs, avec un égal intérêt.

C'est d'abord le procès-verbal du comité de Lugny : « ... Le jour d'hyer (27 juillet 1789), environ les trois heures de l'après-midy, tous les habitants de la paroisse émeutés et s'assemblant de toutes parts par l'effroy et le bruit des cloches de toutes les paroisses voisines et tous munis de fourches et tridants, aprirent qu'une troupe de brigands rouloient dans les paroisses, renversoient les châteaux, les mettoient au pillage, ainsy que tout les papiers terriers, et on leur assura qu'ils étoient au nombre de plus de douze cents. Quoique déterminé à les repousser par violence, pour ne pas souffrir l'entrée dans leur paroisse, on répendit le bruit que si quelqu'un si opposoit, il seroit tué et incendié, et qu'autrement il seroit à l'abry de toutes insultes, et n'exigeoient seulement des habitants que du vin et de la nourriture. Alors les voix s'élevèrent qu'il falloit prendre ce dernier party, et poser toutes armes deffensives, avec d'autant plus de raison que le nombre des habitants n'étoit pas en assés grande force pour les repousser, et qu'il falloit éviter un carnage qui ne manqueroit d'arriver. A peine prirent-ils cette résolution qu'arrivèrent de toutes parts et en différentes troupes lesdits brigands. Alors les habitants dudit bourg de Lugny s'empressèrent à faire défoncer des tonneaux de vin sous les halles, se pourvurent de pain et de fromage pour assoupir leur rage, et les invitèrent à ne pas les maltraiter et respecter toutes leurs propriétés et leurs vies. La première bande s'introduisit à la cure et demanda à M. le

---

1. Archives de l'Ain, E. 193, n° 71.

curé s'il n'avoit pas des terriers. Celui-cy les appaisa par le vin qu'il offrit et l'argent qu'il avoit. Ils boivent, ils mangent. Une autre bande se réunie. On les invite de venir sous les hales se raffraîchir, mais ils ne veulent point accepter qu'après avoir détruit le château. On les invite de n'en rien faire; ils s'y refusent et menacent ceux qui s'y opposeroient; ils vont eux-mêmes sonner la cloche, ensuitte s'introduisent dans le château, munis de barres de fer, de tridants, de fuzils, de pieux en bois. Il en arrive d'autres de toutes parts, qui courent également au château. Enfin ils cassent, ils brisent les portes, fenêtres et toix, cassent les meubles, les jettent par les fenêtres, ainsy que les papiers, et tout est au pillage. Les habitants du bourg, spectateurs de toutes ces horreurs et tremblant d'essuyer le même sort, les invitent et prient de ne pas mettre le feu, que les fourages leur sont utils pour la nourriture des bestiaux; ils l'obtiennent d'une partie de ces brigands, qui vinrent boire; ils s'empressent à les servir pour arrêter leurs brigandages, mais l'autre partie étant dans le château, mettent le feu dans une chambre des archives, et l'instant d'après on vit bientôt tout embrazé et détruit. Pendant cet incendie ils vinrent boire et manger; d'autres s'introduisent dans la maison du sieur Lécuyer, commissaire [1], cassent et brizent les vitres et partie des meubles. Ils veulent mettre le feu; lesdits habitants les prièrent de n'en rien faire, qu'ils feroient brûler toutes les maisons du bourg, et que d'ailleurs cette maison n'appartenoit pas au commissaire. On leur donne de l'argent et l'on parvient à sauver cette maison. Ces malheureux, après avoir bu et mangé, se détachent par troupes, et s'introduisent dans les maisons. Les sieurs curé, prieur, vicaire, le sieur Munier, controlleur, et autres, répendent de l'argent qu'ils leur donnent sur leur demande sur la place. Ensuitte on veut brûler le controlle et la maison de M. le prieur. Le bruit s'en répend; ils courent; M. Munier, controlleur, alors rentre chès lui pour les contenir par le vin et nouriture. Tous les citoyens après les avoir bien traité ont été mis tout à contribution pour l'argent. Quant ils ont arrêté les uns, les autres succèdent et font ranssonner, de manière que toute la nuit se passe dans cette crize d'horreur, et chacun éprouve dans sa maison cette sène. Le jour arrive. Quelqu'uns des brigands s'étant endormis se réveillent; ils reviennent à la charge chès ledit M. Munier, control-

---

1. Commissaire aux droits seigneuriaux.

leur, veulent l'incendier. Il les traite de nouveau ; ils demandent de l'argent, il finit de vuider sa bource, et, n'ayant plus rien, il offre ses habits et ses meubles, en les priant de ne pas incendier, et leur observant que le controlle et ses minuttes de notaire sont des dépôts publics et renferment leur sûreté et leurs propriétés. Enfin il les calme. Ils font les mêmes scènes dans les autres maisons du bourg et chès MM. les curé et prieur, qui, dépourvus aussy d'argent, offrent leur vie. Alors ils se déterminent à partir, envoyent pour cet effet sonner la cloche, s'assemblent et forcent tous les habitants de venir avec eux, qu'ils ont des ordres pour ravager les châteaux, et que s'ils refusent, ils les tuent et mettent le feu dans leurs maisons. Ils les saisissent par le col ; ils disent qu'ils ne partiront pas sans eux, et que s'ils s'échappent, ils reviendront tout mettre à feu et à sang... Lesdits habitants délibèrent entr'eux ; ils veullent refuser, mais, nouvelles menaces des brigands, de manière que la plus grande partie sont forcés de partir avec eux... Nous avons vu dans cette matinée (28 juillet 1789), arriver et passer des hommes atroupés de toutes parts et en grand nombre au bourg dudit Lugny s'informant de la marche des précédents brigands et qu'ils disoient aller joindre, et qui nous ont également fait contribuer... Depuis et ledit jour (28 juillet 1789), nous avons pris la résolution de nous réunir et de prendre toutes sortes d'armes offenssives et deffenssives dont nous pourrons nous pourvoir, afin de nous garentir de nouveaux brigandages et de repousser la force, et cela sous le titre de *milice bourgeoise* et de *volontaires*... Depuis et le mercredy 29 juillet, environ l'heure de midy plusieurs cultivateurs de cette paroisse étant dans les champs se sont retirés dans l'intérieur de ce bourg en nous assurant que les habitants de Montbelet, Viré et Vérizet, tous réunis, avoient conserté de se joindre aux attroupements de la veille pour se rendre à Cluny et qu'ils vouloient passer par Lugny pour mettre à terre le colombier, incendier les gerbes de la dixme du seigneur, brûler les registres du contrôle des actes et faire encore contribuer les citoyens... Ces derniers s'étant mis en ordre de bataille à l'entrée du bourg de Lugny, ont apperçu un nombre d'hommes paroissant être environ deux cent cinquante ; les uns munis de battons et pieux en bois, d'autres, de fourches, de goyards et de fossiles... Tous les citoyens sous les armes ont marché en avant contr'eux. Les sieurs Amiel et Munier, commendant et major, accompagnés de l'avant-garde (et) de M. Ducher, prieur, armé d'une broche à rôtir faute d'autre arme à feu, formèrent en tête une barrière, et il fut enjoint auxdits habitants de Montbelet de se retirer, sinon qu'à la moindre résistance ils ne pourroient s'empêcher de faire feu... Après beaucoup de propos ils se décidèrent à s'en retourner, et la troupe de Lugny sous les armes, suivie de plusieurs femmes munies de cendre dans leurs tabliers dans l'intention de leur jetter aux yeux, les pourchassa hors de leur paroisse et jusqu'aux limites de celle de Montbelet, parce que plusieurs d'entr'eux disoient qu'il faudroit bien en passant à Macheron arranger les bâtiments du domaine du sieur Munier, controlleur, *qui est si déterminé à nous repousser*... Pendant ces intervalles d'autres habitants attroupés venoient de droite et de gauche par d'autres chemins à Lugny, que nous avons soupçonnés être de Viré et de Vérizet, mais qui se replièrent dans la crainte d'être fuziliés... La plupart des brigands arrivés à Lugny se sont dit être des habitants de Verzé, d'Igé, Saint-Mauris, Azé, Saint-Gengoux-de-Scissé, Pérone, Bissi, Viré, Cruzille, Vérizet. De ce nombre étoient beaucoup de jeunes gens domestiques en fureur, criant : *Vive le tiers état !*, (disant) qu'ils avoient à voyager trois mois pour renverser les châteaux, brûler les terriers, les contrôles, qu'il y avoit des ordres pour cela, qu'il falloit leur donner de l'argent pour faire leur voyage et des souliers, qu'ils vouloient avoir la tête du sieur Lécuyer, commissaire, et la porter au bout d'un piquet. De ce nombre la pluspart se disoit capitaines, et en demandant de l'argent, donnant des coups de barre de fer contre les meubles, assuroient qu'en leur en donnant, il n'arriveroit point de mal [1]... »

Voici maintenant la déposition faite par M° Philibert Munier, notaire royal et controlleur des actes à Lugny, en présence de M. Jean Delaye, conseiller aux bailliage et présidial de Mâcon, chargé de l'instruction de l'affaire :

« ...Le lundi 27 juillet, sur environ les quatre heures du soir, il vit fondre sur la paroisse de Lugny une bande énorme de brigands recrutés dans toutes les paroisses circonvoisines, telles que Verzé, Igé, Domanges, Saint-Maurice, Azé, Péronne, Saint-Gengoux-de-Scissé, Cruzille, Bissy-la-Mâconnaise, Martailly, Viré... Ces gens, au nombre d'environ huit cents [2], (qui) arrivoient par pelotons

---

1. Archives de Mâcon, FF. 67, n° 64.
2. Douze ou quinze cents brigands, dépose Joseph Legras, huissier royal à Lugny. (Archives de Saône-et-Loire, B. 1717, n° 64, p. 165.)

détachés, sans paroître conduits par aucun chef général, se mirent aussitôt à tout briser et jetter par les fenêtres dans le château, puis y mirent le feu, ainsi que dans les bûcher, écurie et fenil, tant et si bien que le tout fut entièrement brûlé, sans égard aux représentations de tout ce qu'il y avoit d'honnête dans la paroisse... Toutes ces bandes différentes se répandirent dans les maisons du bourg de Lugny; chacune d'elles exigea dans chaque maison qui plus qui moins de contribution, dont le relevé se trouve monter à environ trois mille six cents livres... Lui, déposant, pour sa part, censé comme contrôleur avoir des fonds chez lui, fut contraint de donner à une foule de gens, qu'il ne pourroit nombrer, jusqu'à concurrence de six cent dix-huit livres, indépendamment des frais énormes qu'il fit, ainsi que tous les habitans du lieu, pour faire boire et manger ces gens là pendant quinze heures... En général ces gens étoient armés de barreaux de fer[1] et avoient le ton le plus menaçant, ne parlant que de brûler et tuer[2] ceux-ci qui se refuseroient à les satisfaire... Cette bande partie, fut remplacée le mardi matin par une autre moins nombreuse descendue du côté de Brancion et paroisses voisines, laquelle bande exigea de nouveau des vivres et de l'argent... Les habitans du bourg employèrent le reste du mardy à se former en milice bourgeoise, dans la crainte d'essuyer de nouvelles incursions, ce dont ils se trouvèrent fort bien le lendemain sur les trois heures après midi, lorsqu'ils eurent à repousser la paroisse entière de Montbelet, qu'ils forcèrent les armes à la main à s'en retourner dans ses foyers, et sur les menaces qu'elle avoit fait de brûler à Macheron en s'en retournant les bâtiments du déposant, les conduisirent jusqu'au-delà de la fourche de Lugny... A l'instant où ils repoussoient ainsi les gens de Montbelet, une quinzaine d'habitans de Viré, descendant la montagne et effrayés de la réception qu'ils faisoient aux étrangers, la remontèrent bien vite... Il en fut de même d'une huitaine d'habitans de Grevilly... Il a été témoin de l'indispensable nécessité où se sont trouvés quelques-uns des plus

---

1. « Ces brigands n'avoient que des massues de bois et des barres de fer qu'ils avoient prises dans les différents châteaux qu'ils venoient de dévaster. » (Relation du curé de Bissy-la-Mâconnaise. Voir plus loin.)
2. Jean Geoffroy, garde de M. de Montrevel, dépose que « menacé et poursuivi par des gens à lui inconnus qui vouloient attenter à sa vie, il ne trouva de salut que dans la fuite. » (Archives de Saône-et-Loire, B. 1717, n° 64, p. 3.)

braves gens de Lugny d'en partir avec les brigands, sur les menaces terribles qu'ils leur faisoient de les tuer ou incendier s'ils s'y refusoient... En général ces gens disoient avoir des ordres du Roi pour se conduire ainsi pendant trois mois [1]... »

Ces déclarations concordent exactement avec le récit qu'un autre contemporain, M. Dubost, curé de Bissy-la-Mâconnaise, a consigné sur ses registres paroissiaux : « ...A six heures et demie du soir les brigands quittent ma maison pour se rendre à Lugni, où plus de deux cents autres qui étoient venus par Péronne les avoient devancés. Ils pénètrent dans le château de M. de Montrevel, brisent les portes, les glaces, les vitraux et tous les meubles, jettent les débris par les fenêtres. Un nommé Comby qui huit jours après se pendit lui-même [2] à un arbre dans la forêt de buis, monte sur le donjon qui étoit fort élevé et très beau, abat les girouettes. On ne voit de tout côté que destruction. Enfin on met le feu au château [3]. La flamme étoit si grande entre une et deux heures de la nuit, que j'aurois pu lire à ma fenêtre à la lueur du feu. Dans vingt-quatre heures ce château bien meublé fut tout pillé et brûlé ; on ne vit plus que des cheminées en l'air et des murs calcinés par le feu ou noircis par la fumée ; il n'y resta rien, pas même des gonds. Toutes les paroisses voisines accoururent, *non pour donner des secours, mais pour mal faire ou pour butiner*. Le mardi 28 juillet on voyoit passer le long de mon jardin plus de monde qu'un jour de foire, qui revenoient chargés de toutes sortes de meubles... Pendant la nuit du 27 au 28, les brigands qui la passèrent à Lugni, mirent à contribution tous les bourgeois, et emportèrent de cette paroisse environ 3,000 livres. Le 28, à huit heures du matin, ils partirent [4]... »

---

1. Archives de Saône-et-Loire, B. 1717, n° 64, pages 27-31.
2. *Il aurait plutôt été pendu*, d'après la déposition de M. Claude Ducher, prieur de Lugny. (Archives de Saône-et-Loire, B. 1717, n° 64, p. 120.)
3. « A cinq ou six endroits différents », dépose M. Claude Ducher. (*Loc. cit.*)
4. Archives de Bissy-la-Mâconnaise, série GG., année 1772.

VIII. — LES FIEFS DE LA DOUZE ET DE LA TOUR DE LA MAIGRETTE [1].

Ces fiefs étaient à cheval sur les paroisses de Lugny, de Burgy et de Vérizet. Ils appartenaient tous deux, en 1485, à un seul seigneur, François du Thy, damoiseau. Mais au XVIIe siècle ils étaient fondus ensemble sous le nom du premier d'entre eux et avaient des coseigneurs. L'une des moitiés fut reprise par Aymé de Meaux[2], le 12 janvier 1647, et par Mathieu Aymard de Montval [3], comme mari de Marie-Thérèse de Meaux, le 10 mai 1775 [4]. L'autre fut reprise par Nicolas Larme, le 1er décembre 1670, par Huberte Paisseaud [5], sa veuve, le 14 août 1683, par Antoine Paisseaud, le 2 août 1694, et par Thomas Paisseaud, le 29 mai 1704 [6]; elle fut possédée ensuite par Antoine Moisson [7], par Marie-Anne de Labletonnière [8], sa veuve, par François Pelletrat [9], sieur de Bordes (1747) [10], et par Louis-Gérard Pelletrat de Bordes (1779) [11].

En 1485, François du Thy asservisa la seigneurie à François Perraud, marchand de Mâcon, moyennant

---

1. Peut-être à ces deux noms faut-il en ajouter un troisième. On lit en effet dans l'asservisage de 1485 : *Franciscus du Thy, dominus de Douza, d'Avena et de Turre de la Megrete in parrochia Luguiaci* (Archives de Saône-et-Loire, E. 173, n° 1.) Cet *Avena* est sans doute le lieudit *Les Avoines*, commune de Montbellet.
2. Armes : d'azur à un chevron d'or, accompagné en chef de deux étoiles de même, et en pointe d'un trèfle de même aussi. Timbre : une couronne de comte. Supports : deux lions. Devise : *Pro Deo et Rege.* (Arcelin, *op. cit.*, art. Meaux.)
3. Armes : d'azur à un lion d'or issant d'un roc d'argent.(Id., art. Aymard.)
4. Archives de Saône-et-Loire, E. *Inventaire des fiefs du Mâconnois.*
5. Armes : d'azur à une palme d'or accompagnée de deux arbres arrachés et écotés de même. Les Paisseaud ont été anoblis, par lettres patentes du 5 juillet 1699, en la personne d'Antoine, coseigneur de la Douze. (Arcelin, *op. cit.*, art. Paisseaud.)
6. Archives de Saône-et-Loire, E., *loc. cit.*
7. Armes : d'azur à trois fasces d'or. (Arcelin, *op. cit.*, art. Moisson.)
8. Armes : d'or à une ancre de sable. (Id., art. Labletonniere.)
9. Armes : d'azur à un chevron d'or, accompagné de trois croissants de même, deux en chef et un en pointe. Supports : deux lévriers. Devise : *Fides et Patria.* (Id., art. Pelletrat.)
10. Archives de Saône-et-Loire, E. 440, n° 37.
11. Id., n° 84.

la somme de deux cents livres tournois d'entrage et une rente annuelle de dix livres, cinq sous. Elle comprenait à cette époque : la tour dite *de la Maigrete*, ayant deux étages (*soleria*), et couverte en tuiles, avec sa cour, les fossés et les murs autour des bâtiments et des granges, plus un verger attenant auxdits fossés, le tout sur Lugny ; le pré dit *du Sorbier*, sur Lugny, contenant la place à six moyaux de foin ; le pré dit *de la Tour*, sur Lugny [1], contenant la place à quatorze moyaux de foin ; les moulin et battoir dits *le moulin à la Maigrete*, sur Lugny, avec le pré attenant, contenant la place à une brouettée de foin ; une teppe de vigne de quarante ouvrées, sur Lugny, lieudit *Vers la Chapelle de Fisse* ; un pré, sur Burgy, lieudit *En Lexclouseau*, contenant une charretée de foin ; un autre pré, dit *des Corbes* [2], sur Burgy, contenant la place à quatre moyaux de foin ; un autre pré, dit *le pré de Prés Neufz*, sur Burgy, contenant la place à deux moyaux de foin ; plusieurs bois, tant sur Lugny que sur Vérizet ; une terre, sur Burgy, lieudit *Ou champs du Tel*, contenant six poses (*posas*) ; un bois, sur Burgy, contenant six poses ; une terre sur Vérizet, lieudit *En Vaulx*, contenant quatre poses ; un bois sur Vérizet, lieudit *Ou Trambereau* [3], contenant dix journaux ; enfin des teppes, sur Burgy, lieudit *En Crosière des Assignaulx*, contenant quarante poses de terre [4].

La composition n'en avait guère varié au XVII⁰ siècle, d'après le dénombrement fourni par Aymé de Meaux (1647). Celui-ci déclara qu'elle « ne pouvoit valoir que 80 ou 100 livres par an pour les deux conseigneurs, à raison que les moulin et battoir sont de grand entretien, et que les bois sont en meschant païs et situation, loings de rivière ou charraire, et sont la plus grande partie en buissons [5]. »

En 1772 « le moulin de la Maigrette, étant à eau, roulant et travaillant, avec l'écluse et prise d'eau, plus un battoir à chanvre et grain joignant ledit moulin, une maison,

1. Aujourd'hui sur Burgy.
2. Le *pré des Courbes*, d'après le dénombrement de 1647. (Archives de la Côte-d'Or, B. 10760.)
3. *Au Tremblereau*, d'après le dénombrement de 1647. Aujourd'hui *bois du Tombereau*, sur Burgy.
4. Archives de Saône-et-Loire, E. 173, n° 1.
5. Archives de la Côte-d'Or, B. 10760. Les dénombrements de 1683 (id., B. 10859), et de 1704 (id., B. 10922), sont la reproduction du précédent.

cour et écurie, plus environ dix à douze coupées de prés, quinze de terres, cinq de vignes, et une autre terre d'environ quatre coupées et demy », étaient amodiés par MM. Pelletrat de Bordes et Aymard de Montval à raison de 348 livres par an [1].

Les coseigneurs de la Douze ayant émigré pendant la Révolution, leurs biens furent confisqués et vendus nationalement, le 12 frimaire an V pour ce qui appartenait aux Aymard de Montval [2] et le 26 vendémiaire an VI pour ce qui était des Pelletrat de Bordes [3].

IX. — L'ÉGLISE.

L'église actuelle de Lugny a été bâtie [4] sur l'emplacement de l'ancienne, de 1824 à 1826.

Celle-ci avait une orientation contraire ; le portail regardait le couchant, du côté du château ; le chevet était tourné vers le bourg, au levant.

Autant qu'on en peut juger par le plan assez grossier que nous avons retrouvé [5], cet édifice remontait à l'époque romane. Il était en forme de croix latine. La porte principale, en plein cintre, était décorée de moulures. Les trois nefs, longues au total de 46 pieds, larges de 36, étaient divisées en quatre travées par des piliers cruciformes, et éclairées par de petites fenêtres qui donnaient peu de jour [6]. A l'extrémité orientale du collatéral du sud se trouvait la porte secondaire. Le transept, de même largeur que la grande nef, mesurait 16 pieds carrés, portait le clocher et s'ouvrait par des baies ogivales sur les deux chapelles qui constituaient ses bras, des bras inégaux [7] : la

---

1. Archives de Saône-et-Loire, E. 440, n° 74.
2. Archives de Saône-et-Loire, Q. Ventes de biens nationaux, reg. 18, n° 39.
3. Id., reg. 28, n°ˢ 13 et 14.
4. La dépense avait été évaluée à 19,985 fr., 69 c. ; l'adjudication fut tranchée à 17,750 fr. et le décompte arrêté à 21,302 fr., 94 c. (Archives de Saône-et-Loire, série O., Lugny.)
5. Archives de Saône-et-Loire, B. 1316, n° 31.
6. Id., C. 405, n° 10.
7. La chapelle seigneuriale était d'ailleurs considérée (1648) comme indépendante de l'église : « ..La chapelle et oratoire de long temps et antiquité construict tout proche le chasteau et maison forte de Lugny, joignant et tenant devers midy à l'esglise dudict lieu et appellé *la chappelle du chasteau*... » (Id., G. 378, n° 8.)

chapelle du Rosaire au nord, longue de 19 pieds, large de 12, voûtée en arête[1] ; au sud, la chapelle seigneuriale placée sous le vocable des saints Claude, Nicolas, Georges, et de sainte Catherine, mesurant 15 pieds carrés 1/2 et percée d'une petite porte au couchant. Le chœur se composait d'une partie droite terminée par une abside qui présentait en plan la forme d'un arc de cercle très surbaissé ; il donnait accès dans une petite sacristie située au midi.

Dès la fin du XVIIe siècle l'église était en mauvais état : « Le 9 avril 1698 nous avons visité l'église paroissiale de St-Denis de Lugny, écrit l'archiprêtre de Vérizet. Pour le service de ladite église il (y) a deux messels fort usés et un rituel romain. On introduit souvent des bancs en l'église sans fondation ny consentement du sieur curé, y en ayant actuellement trente ou davantage de cette nature. Les fabriciens ne veulent rendre aucun compte de leur administration, ne fournissant pas même bien souvent le nécessaire pour le luminaire, quoy qu'ils ayent esté invités d'y satisfaire dans les prônes publics et en particulier. La voûte du chœur du costé de bize commence à se pourrir, et une chappelle de même costé menace ruine dans la voûte. Le degré de la grande porte de l'église est entièrement ruiné et impracticable[2]. Il n'y a aucun livre de chant. Le cimetière est ouvert de trois costés, en sorte que le bestail y entre tous les jours[3]. Il n'y a point de purificatoires, ny de bonnet quarré. Et tout le couvert de l'église est en ruine, en sorte qu'il y pleut partout[4]. »

Nouvelle visite en 1705 : « ...Le grand autel, avec une pierre sacrée et un tabernacle doré, accompagné dun retable, avec une image du Sauveur dans le jardin des olives ; six chandeliers de cuivre ; un calice avec la patène, d'argent, doré dedans ; un ciboire d'argent, sans dorure ; un très beau soleil d'argent ; une pixide d'argent ; les vaisseaux des saintes huiles, d'étain ; un crucifix en relief sur l'autel ; la lampe de cuivre qui éclaire par les soins de Mr le comte de Montrevel[5] ; un encensoir de cuivre,

---

1. Archives de Saône-et-Loire, C. 404, n° 7.
2. On avait déjà procédé en 1687-88 à une reconnaissance des travaux à exécuter à l'église et au presbytère. (Archives de la Côte-d'Or, C. 2910.)
3. Le curé déclare, en 1705, qu'il « sert de pâturage à toutes sortes d'animaux ; pendant les foires et les marchez il est rempli de pourceaux. » (Archives de Saône-et-Loire, G. 378, n° 14 bis.)
4. Id., G. 378, n° 13.
5. En marge : « Ne fournit plus d'huile. »

avec sa navette ; un daix de ligature à fond d'argent ; la croix pour les processions, fort ancienne ; une bannière fort bonne de damas rouge avec les images de la sainte Vierge et saint Denis ; un bénitier de fonte pour donner l'eau bénite ; six corporaux, huit purificatoires, douze lavabo, vingt-huit nappes d'autel, deux grandes nappes de communion, six aubes, dont trois sont hors d'usage, trois surplis aussi hors d'usage ; deux messels, dont l'un est hors d'usage, un petit antiphonaire, un rituel appartenant à M^r le Curé ; une petite croix de cuivre pour les offrandes ; une clochette que l'on porte aux processions ; un pavillon de camelot violet, avec le devant d'autel de même étoffe ; un autre pavillon de toute couleur, fort ancien et très usé ; un devant d'autel de tapisserie, fait à l'éguille, à fleurs vertes ; un autre devant d'autel de ligature à fond d'argent et fleurs rouges, avec des bandes de tapisserie et un petit pavillon de même étoffe ; un autre devant d'autel de damas à fond blanc et fleurs rouges ; une chasuble de brocard à fond d'argent et fleurs de soye de toutes couleurs mêlées d'un peu d'or, avec le voile et la bourse de même étoffe ; une autre chasuble de damas à fond blanc à fleurs rouges, avec le voile ; une chasuble violette d'une petite étoffe de soye à fleur, avec un voile de camelot ; une chasuble de camelot vert, avec son voile et sa bourse de même étoffe, une autre chasuble de camelot rouge, avec son voile et sa bourse de même étoffe, lesdites deux chasubles toutes neuves ; une chasuble blanche de tafetas gofré, avec son voile et la bourse de même étoffe ; une autre chasuble de tafetas blanc, fort vieille ; une chazuble noire de camelot, avec une croix blanche aussi camelot ; une petite bourse au petit métier à fond d'argent pour porter le saint viatique ; un devant d'autel avec un pavillon de toile, avec plusieurs ouvrages à fleur(s) ; trente-trois petits tableaux, la pluspart de papier battu donnés par Mlle de La Baume pour orner la chapelle où repose le saint Sacrement le jeudi saint ; une niche garnie de plusieurs diamants faux et cristaux donnée pour le même usage par feu M^{de} de Saint-Martin ; les fonds baptismaux en bon état et garnis depuis peu de pointes de fer ; le chœur voûté et bien pavé, sur lequel est le clocher, où il y a deux cloches, dont l'une est éventée ; la voûte du côté de bize menace ruine, qui est causée par les habitans qui prennent leur chemin sur le couvert de ladite voûte pour aller au clocher ; le chœur depuis peu fermé d'une balustrade de fer, dont le sieur curé a fait les avances ; la nef pavée depuis peu, sans voûte, ni lambris, les deux ailes voûtées ; dans ladite nef plusieurs bancs sans fondation, ni permission [1] ; une chaire à prêcher en mauvais état. Une chapelle à côté du clocher, sous le vocable de saint Nicolas et de sainte Catherine, fondée par le seigneur de Lugny et desservie une partie par M^r le Curé et l'autre par Mrs Jean Renaud, chapelain, dans laquelle les chapelains nous ont déclaré n'y pas dire la messe [2] depuis deux ans à cause des vitres et fenêtres ruinées par un orage ; il n'y a qu'une nappe appartenant à ladite chapelle ; sur l'autel de ladite chapelle il y a dans un petit retable un tableau représentant un crucifix, avec les images de saint Nicolas et de sainte Catherine ; les ornemens de ladite chapelle consistent en un calice d'argent avec sa patène, doré dedans ; deux chandeliers de bois noir ; une chazuble fort ancienne d'un brocard à fond d'or à fleurs veloutées ; une autre chasuble de ligature blanche et rouge ; une autre, de ligature à fleurs vertes ; une autre noire, de gros camelot ; six purificatoires, deux corporaux, trois aubes, l'une toute neuve, de toile fine, avec une dantelle, donnée par feu M^r d'Antouerre [3] ; une autre de toile fine, fort ancienne, et une autre de grosse toile, hors d'usage ; un crucifix d'yvoire ; un petit messel, qui a esté coupé et relié. Il y a du côté de l'évangile une autre chapelle sous le vocable de Notre-Dame-du-Rozaire; sur l'autel est l'ancien tabernacle de l'église ; deux chandeliers de cuivre ; deux devant(s) d'autel, dont l'un est hors d'usage ; un confessional dans ladite chapelle, fort mauvais et très incommode. Il y a dans ladite chapelle une fondation de neuf livres au profit de M^r le Curé, faite par feu Pierre Blanchard, chargée de douze messes. Pour

---

1. « Quand je pris possession de la cure, déclare M. Lescuyer, le pavé de l'église étoit entièrement ruiné. Cette ruine avoit été causée par la facilité avec laquelle on accordoit la sépulture dans l'église moïennant un écu que l'on promettoit et que la pluspart ne païoient point. Mais depuis que le pavé a été rétabli, je n'ai point souffert qu'on ait enterré personne dans l'église, sinon ceux qui ont fait une fondation d'un écu de rente à perpétuité au profit de l'église... Il y avoit aussi dans le chœur quatre ou cinq bancs que j'ai ôté insensiblement. Il en reste encor six ou sept dans la nef, qui ne sont point fondez, et pour lesquels ceux qui les occupent ne veulent païer aucun droit. Il y en a trois ou quatre pour lesquels on paie vingt sols par an. Ainsi il seroit à propos que la loy fût égale... » (Archives de Saône-et-Loire, G. 378, n° 14 bis.)

2. En marge : « Rétablie ». — En 1771, la chapelle « restait toujours fermée, même lorsque le seigneur était absent ». (Archives de Saône-et-Loire, B. 1316, n° 31.)

3. D'Anthouard.

la fondation du Rozaire faite par feu Madame d'Aucors [1], qui estoit anciennement de dix-huit livres, elle est réduite à quatre livres. Une confrairie établie par les missionnaires, sans autre fondation. Le luminaire consiste en un petit terrier, renouvellé depuis peu, qui ne rendoit que sept à huit livres, plus en deux contracts de rente deus par les héritiers de Pierre Artaud, dont l'hoirie est jacente, et en un pré admodié quatre livres, situé *En Rachassin*... La parroisse est composée de quatre hameaux [2] et cinq cents communians... Le sieur curé nous a encor présenté une aube de toile fine, avec un point au bas, deux surplis aussi de toile fine, une chasuble d'étoffe de soye à fleur(s) couleur de cerize, avec sa bourse de même étoffe, trois voiles de calice, l'un blanc de tafetas brodé, l'autre d'une moire blanche garni d'une dantelle d'or et d'argent, *trois pales de calice très propres*, un gros messel relié en maroquin de levant, un petit graduel et un antiphonaire, un grand diurnal doré sur tranche et relié en maroquin noir, trois bonnets quarrez, tous lesquels ornements appartiennent audit sieur curé... Nous avons encor trouvé dans l'église une chappe de moire d'argent... Il y a encor un grand crucifix entre le chœur et la nef [3]... »

On ne remédia pas vite au déplorable état de l'édifice. En 1759, la chapelle du Rosaire dut être provisoirement étayée et interdite au public; mais c'est en 1769 seulement que l'on décida de la restaurer, d'y ajouter une tourelle contenant un escalier pour monter au clocher [4], de blanchir l'église et de réparer le presbytère. La dépense fut évaluée à 1,395 livres,18 sous [5], et l'adjudication tranchée à 1,000 livres en ce qui était à la charge des habitants et des propriétaires forains de la paroisse, et à 338 livres en ce qui était, pour cause de malfaçons, à la charge de l'entrepreneur des travaux exécutés audit presbytère en 1758 [6].

En 1788 il fallut encore reprendre plusieurs chambres de la maison curiale, la couverture (laves et charpente), d'une partie de l'église et la clôture du cimetière, sans

---

1. M"" de La Tour d'Occors, femme de Charles de Saulx-Tavannes. Cf. § VI.
2. Depuis la Révolution le curé de Lugny dessert en outre les deux communes de Bissy-la-Mâconnaise et Burgy.
3. Archives de Saône-et-Loire, G. 378, n° 14.
4. « L'on donnera à cette tour six pieds de diamètre et environ quarante-cinq pieds de hauteur, compris la fondation ; les murs seront d'un pied d'épaisseur ». (Id., C. 404, n° 3).
5. Id., ibid., n° 8.
6. Id., ibid., n°' 9 et 11.

compter les réfections du chœur et du clocher, qui incombaient au seigneur en sa qualité de gros décimateur de la paroisse. Les habitants accueillirent mal la proposition de faire cette dépense nouvelle s'élevant à la somme de 1,078 livres au total[1] ; peu de monde vint en délibérer ; on repoussa certains articles du devis ; on constata que « le presbytaire (était) en bon état, composé de sept chambres et cabinets, dont quatre pièces avec cheminées, de trois caves, quatre greniers, évier, écurie, four, grande cour, appendix, tinnalier, et vaste jardin » ; enfin, on soutint que « ce (n'était) que par envie de la part du sieur curé de mettre les habitants en dépenses inutiles et superflues qu'il ne (cessait) de réclamer et de leur occasionner des fraix [2]. » Le curé taxa cette délibération d' « injustice » et de « mauvaise foi. » Tout, disait-il, avait été « réglé dans le désordre de l'ignorance. » Il accusait « l'esprit de chicanne » de ses paroissiens et l'animosité personnelle du procureur d'office Munier « qui a présidé à l'assemblée, qui en a inspiré les résolutions et en a apporté le plan tout rédigé. (Il) est l'ennemi du sieur curé [3], avec lequel il est en procès pour des droits curiaux [4] que tout le monde paye. Il n'en faut pas d'avantage pour donner la clef de toutes les mauvaises défaites qu'on trouve dans la dernière délibération [5]. »

Les travaux furent néanmoins exécutés [6].

Le curé renonça à exercer les fonctions sacerdotales à dater du 19 novembre 1793 [7] et les objets du culte furent vendus le 18 frimaire an III [8]. L'église de Saint-Denis devint le temple de la Raison.

En l'an VII, le receveur des domaines nationaux du canton en inventoria comme suit le mobilier : « Au clocher, une cloche du poid d'environ 146 graves, 7,438 décigraves [9].

---

1. Archives de Saône-et-Loire, C. 405, n°° 1, 2, 3, 11 et 12.
2. Id., ibid., n° 5.
3. Cf. § X.
4. Les droits réglés en 1602 (cf. § X) que M. Maréchal dut faire consacrer par un nouvel arrêt (Archives de Saône-et-Loire, G. 378, n° 25.)
5. Id., C. 405, n°° 4 et 10.
6. Id., C. 404, n° 19.
7. Archives de Lugny, D. 1.
8. Id., ibid.
9. Les officiers municipaux avaient déjà remis aux commissaires à la réception des cloches, du cuivre et du fer à Mâcon, le 10 frimaire an II, les matières d'or et d'argent, le 27 frimaire de la

Dans ledit temple, qui a très nécessairement été réservé pour la tenue des assemblées communales du canton, la célébration des fêtes républicaines et des mariages, un tas de charbon de la cotitée d'environ une bâche, qui avoit été fabriqué pour l'extraction du salpêtre ; plus un autel en pierre murure, sur lequel il y a une *pierre de taille*, et au pied deux marchepieds en pierre de taille ; plus une chère à prêcher appé au mure ; plus douze boiseries d'autel ; plus un cadre de tableau ; plus un confessionnal ; plus une croix en pierre ; plus un aubénitier en pierre ; plus un autre *aubénitier* aussy en pierre ; plus un autre autel en pierre de taille, avec sa boiserie, un grand cadre de tableau à deux collonnes en bois et deux marches-pieds aussy en bois, avec un porte-vase *de même nature* ; plus une boiserie appée autour d'une chapelle, avec un banc, le tout en bois. Dans la sacristie, une commode à deux portes et trois tiroires non fermant à clef, de *bois noyer* mis use, dans laquelle il n'y a rien ; plus douzes chandeliers en bois sur laditte commode ; un fallot en fert blanc ; et deux pots à fleurs en bois. » Le tout était estimé 123 fr., 75 c. [1].

Il n'y a dans l'église de Lugny d'autre objet digne de l'attention des archéologues et des amateurs qu'un bas-relief, peut-être un retable, en pierre, dont on a heureusement assuré la conservation [2] en le plaçant dans le baptistère. Mais on a cédé au mauvais goût du jour en le peinturant de tons crus et criards qui, n'était la naïve exécution du sujet, donneraient à croire qu'il nous vient de la rue Bonaparte en droite ligne. Nous pouvons, grâce à un excellent dessin qu'en a pris M. J. Perret, en 1860, et que cet artiste distingué a bien voulu mettre à notre disposition, le placer sous les yeux mêmes de nos lecteurs.

Il mesure 1 m., 86 de long sur 0 m., 89 de large ; les figures ont 0 m., 42 de hauteur. Jésus-Christ y est représenté au milieu des douze apôtres. Chacun d'eux est placé sous un dais de style flamboyant et tient, avec un livre

---

même année « une cloche pesant 560 livres, et 90 livres de cuivre ». En l'an VII, il *y avait encore* à Lugny « une autre cloche », déposée « dans le tinallier de la basse-cour du cy-devant château, (provenant) du donjon dudit château (et) pezant environ 48 graves, 9,146 décigraves, estimée 20 fr. » (Archives de Saône-et-Loire, Q. Domaines nationaux. Inventaires de meubles.)

1. Id., ibid.
2. Il y a quelques mutilations.

tantôt ouvert, tantôt fermé, son emblême habituel ou l'instrument de son martyre. Ils se présentent dans l'ordre suivant¹ :

S. THA. Saint Thomas, appuyé peut-être sur la hampe d'une pique.
S. BARE. Saint Barthélemy, avec un couteau.
S. MAE. Saint Matthieu, avec une équerre.
S. IACOE. Saint Jacques le Mineur, avec une massue.
S. ANA. Saint André, appuyé peut-être sur sa croix.
S. PRE. Saint Pierre, avec ses clefs.
S. V. T. MO. *Salvator Mundi*. Jésus-Christ tenant le globe du monde.
S. IOS. Saint Jude, avec un calice supportant un petit animal fantastique représentant sans doute le démon ².
S. PAVE. Saint Paul, avec son épée.
S. IACE. Saint Jacques le Majeur, muni de son bâton de voyage et coiffé d'un bonnet de pèlerin.
S. PHE. Saint Philippe, tenant probablement le bâton d'une croix.
S. SIMON. Saint Simon, avec une scie.
S. MA. Saint Mathias tenant peut-être le manche de la hache qui servit à le décapiter.

L'incorrection de ces inscriptions n'a d'égales que la grossièreté de la facture et la lourdeur des personnages. Cependant l'ensemble, à première vue surtout, ne manque pas de vie, ni d'originalité.

L'imagier qui a sculpté ce morceau l'a signé de son monogramme sur la scie de saint Simon, et l'a daté de 1528 à deux endroits, sur l'équerre de saint Mathieu et sous le Christ. A côté de ce dernier millésime, figure un blason dans lequel on voit trois croissants posés deux et un. Nous ne connaissons qu'une famille du Mâconnais qui ait eu des armes de ce genre (d'azur à trois croissants d'or), les Cadot, originaires de Tournus, à qui l'héritière de la branche bâtarde des barons de Sennecey apporta, par son mariage avec Pierre Cadot, les seigneuries de Scivolière (Jugy), de Baron, de Rabutin et de Champlecy ³.

Les anciennes cloches, baptisées en 1752, la grosse

---

1. Voir la planche.
2. Saint Jean l'évangéliste a de même comme attribut un calice surmonté d'un dragon ailé, saint Benoît un calice d'où sortent trois serpents, saint Conrad un calice où se voit un scorpion.
3. Arcelin, *op. cit.*, art. Cadot.

Retable de l'église de Lugny.

Marie-Florence et la petite *Alexandre-Melchior*[1], ont été refondues en 1825 et remplacées par deux cloches nouvelles payées 7,000 francs et pesant l'une 1,000, l'autre 750 kilos [2].

X. — LES CURÉS.

La cure devait être, à l'origine, un prieuré dépendant de l'abbaye de Cluny. Nous avons signalé déjà (§ II) l'accord fait en 1219 entre l'évêque de Chalon et l'abbé de Cluny par les soins de W...[3], prieur de Lugny, et de M..., archidiacre de Flavigny.

Voici, depuis ce W..., les curés de Lugny dont nous avons pu retrouver les noms.

1477. Pierre Michel[4].
1537. Jean Fèvre[5].
????. Michel de Lagadrillière[6].
????. Pierre Grâce[7].
1601. Jean Monnyer[8].
1633. N. Dejoux[9].
1637. N. de La Cour[10].
1640. Jean Gilet.
1652. N. Chapuys.
1660. François Lacroix.
1661. Simon Mathion.
1664. Benoit Humbert.
1674. Ferréol Thevenez.
1678. Jacques Gilet.
1695. Jean-Chrysostôme Lescuyer.
1719. François Poncet.
1758. Vincent-Augustin Temporal.
1767. Pierre Maréchal.

---

1. Archives de Lugny, GG. 11.
2. Archives de Saône-et-Loire, série O., Lugny.
3. Probablement Guillaume (*Willelmus, Vuilleimus*).
4. Archives de Saône-et-Loire, E. 349, n° 3, copie.
5. Id., ibid.
6. Id., G. 378, n° 6.
7. Id., ibid.
8. Id., G. 378, n° 5.
9. A partir d'*N.* Dejoux nous avons dressé la liste ci-dessus à l'aide des archives de Lugny (GG. 1-14).
10. D'après une note de M. Maréchal, curé, qu'on trouve au dernier feuillet du cahier des archives de Lugny coté GG. 5.

1803. *N. Martin*[1].
1803. Florent-Alexandre-Melchior Verdure.
1816. Etienne Bouillard.
1836. Pierre-Alexis Convert.
1840. Jean Morin.
1845. Jean-Claude Naulin.
1854. Jacques Brun.
1880. Thomas Debiesse.
1882. Jacques-Denis Dufêtre.

Des anciens, nous savons peu de chose.

Pierre Michel était chanoine de l'église collégiale Saint-Paul de Lyon. En 1493, il administrait la cure de Lugny depuis seize ans, et avait plusieurs vicaires, dont l'un Pierre Michel, était son homonyme et son neveu[2].

Ferréol Thevenez est mort en 1678[3].

Jean Gilet avait 70 ans, quand il mourut en 1682[4].

Jacques Gilet est mort en 1674[5].

François Poncet, prêtre de l'Oratoire, mourut âgé d'environ 75 ans en 1755[6].

Pierre Maréchal nous est mieux connu. M. Temporal, de Pont-de-Vaux, le représente, dans une lettre à M. de Fitte, major, demeurant chez M. de Montrevel, en date du 12 février 1772, comme un « homme ingrat et fanfaron »[7]. Il fut, en tous cas, le héros d'un esclandre qui remua fort Lugny vers 1771 et sur lequel tout un curieux dossier nous est heureusement parvenu.

Voici l'affaire. Nous en empruntons l'exposé au procureur d'office du seigneur, M. Munier, qui écrit à M. de Fitte, le 18 avril 1771 : « Il est à propos de vous instruire d'une chicanne déplacée que fait aujourd'huy M. le curé de Lugny aux officiers de justice de M. de Montrevel, et qui regarde personnellement ce dernier, à l'occasion des deux bancs qui luy appartiennent comme haut-justicier et qui sont placés dans l'arrière-cœur[8] de l'église dudit

---

1. A partir de Pierre Maréchal, notre liste a été continuée par M. Creuseveau, instituteur.
2. Archives de Saône-et-Loire, E. 349, n° 3, copie.
3. Archives de Lugny, GG. 6.
4. Id., ibid.
5. Id., GG. 7.
6. Id., GG. 11.
7. Archives de l'Ain, E. 193, n° 2.
8. A l'entrée du transept. Ces bancs étaient adossés à la balustrade qui fermait la nef ; l'un, celui de gauche, mesurait cinq pieds, deux pouces de long, sur trois pieds de large; l'autre, celui de droite, mesurait quatre pieds, dix pouces de long, sur deux pieds et demi de large.(Archives de Saône-et-Loire, B. 1316, n°31.)

Lugny... Pendant votre dernier séjour à Lugny, j'eu l'honneur de vous instruire que ces deux bancs étoient toujours occupés par une multitude de paysans, et qu'il seroit plus dessent qu'ils le fussent par les officiers du seigneur qui le représentent... Je vous demanday votre agrément pour les occuper avec les autres officiers et pour nous éviter la disgrâce de faire sortir les paysans qui avoient coutume de si placer, je vous demanday aussi la permission de les faire fermer, ce que vous m'avez accordé... Depuis ce temps j'ay occupé avec le greffier l'un de ces bancs, qui est celuy qui touche la chapelle de M. le comte...[1] Dimanche dernier, 14 du courant, le sieur curé, toujours pour aller contre son seigneur et chercher à luy ôter ses droits en attaquant ses officiers qui sont fait pour les maintenir, après la grande messe et sur la place publique m'aresta avec le sieur Gommeret, greffier, et d'un ton audacieux nous demanda en quelle quallité et quel pouvoir nous avions pour occuper le banc dont s'agit et d'en faire sortir ses paroissiens [2] lorsqu'ils y étoient placés avant nous... Je luy fit réponce... Le curé se livra comme il luy est ordinaire, à des sottises ; il fut assés osé de dire que le seigneur ne se manifeste pas assés envers son église, qu'il entendoit que ces bancs fussent occupés par ses paroissiens paysants de préférence aux officiers, et que si on récidive de vouloir leur faire vuider, il cessera tout office, plaidera avec son seigneur, et chatiera ses officiers... Il est donc question aujourd'huy de se montrer, parce que le droit de banc dans l'église appartient au patron et à l'haut-justicier...[3] »

Et le 5 mai suivant : «... Comme Brunet, votre concierge, avec Pressemoy, charpentier [4], vouloient [5] attacher les harmoiries du seigneur sur ses deux bancs, le sieur curé si opposat, courut à la sacristie se revestir d'un surplis et d'une étole, et revint près des bancs et

---

1. Celui de droite.
2. « M⁵ Munier, dit le curé, en a expulsé avec hauteur différents particuliers, même des malades. Tout le public en a murmuré... » (Archives de Saône-et-Loire, B. 1316, n° 30.)
3. Archives de l'Ain, E. 193, n° 6.
4. Charpentier à Pont-de-Vaux, les ouvriers de Lugny s'étant refusés à exécuter l'ordre du seigneur. (Archives de Saône-et-Loire, B. 1316, n°⁵ 24 et 27.) Il était, déclare le curé, « épris de vin et armé d'armes tranchantes ». (Id., ibid., n° 30.)
5. Le 4 mai à 8 heures du soir. (Id., B. 1316, n° 24.)

ouvriers, et leur réitéra ses deffenses et sonna sur eux le toquesin, qui effraya tout le peuple, et qui accourut alors en foule à l'église... [1] »

M. de Montrevel adressa immédiatement une plainte au lieutenant criminel du bailliage et à l'évêque de Mâcon.

Au premier il remontrait que « la conduite de ce curé est très répréhensible. Non content de faire une injure à son seigneur il s'est revêtu des habits sacerdotaux et a sonné lui-même le tocsin... Il a fait son possible pour élever une sédition dans la paroisse... C'est à M. le procureur du Roi, chargé de la vindicte publique, de faire prononcer les peines que méritent cette prophanation des habits sacerdotaux et le tumulte occasionné par le tocsin ; mais c'est au supliant à poursuivre la réparation de l'injure qui lui a été faite et à faire cesser les empêchements qu'apporte le curé à ce qu'il jouisse des droits qui lui appartiennent... Il est le seul seigneur en toute justice de Lugny et en cette qualité il a seul le droit d'avoir bancs dans le chœur ; les habitants ne peuvent avoir banc que dans la nef...[2] Lorsque le sieur Munier vint à l'église, à la rumeur excitée par le tocsin, le sieur curé hazarda entre autres propos indécents et déplacés *que le seigneur de Lugni n'avoit qu'à se croire encore en droit de lui venir passer son épée à travers du corps dans l'église*, et un particulier[3] qui l'accompagnoit pour lors dit à Brunet, concierge au château : *Si votre maîtr., mon ami, vous ordonnoit de venir voler le saint sacrement à l'église, vous le feriès donc ?* Tous ces procédés, voies de fait et propos de la part du sieur curé de Lugni annoncent un caractère emporté, violent et séditieux qui semble mériter toute l'animadversion de la justice... [4] »

M. Maréchal, de son côté, demanda au lieutenant criminel « réparation de tous les scandales commis dans son église tant par Me Munier, que par Brunet, qu'ouvriers dont ils se sont fait assister... » Il déclarait « que la situation des lieux ne permettoit pas qu'on ferma lesdits

---

1. Archives de l'Ain, E. 193, n° 7. Le curé dit qu'il fit « tinter la cloche pour avoir des témoins » (Archives de Saône-et-Loire, B. 1316, n° 30.)
2. Archives de Saône-et-Loire, B. 1316, n° 22.
3. M. Mainsonnat, avocat, docteur en droit canon. (Id., B. 1316, n° 28.)
4. Id., B. 1316, n° 23.

bancs, les portes devant battre sur l'entrée du chœur déjà trop étroite ; que le seigneur ayant une chapelle attenante au chœur, très spatieuse, commode et pourvue d'un très grand banc, il n'en pouvoit raisonnablement prétendre un au chœur ; qu'à la rigueur il n'en pouvoit exiger qu'un, et qu'on lui laisseroit l'un des deux en question, dès qu'il en auroit fait l'option ; enfin qu'on n'accordoit aux seigneurs patron ou haut-justicier *un banc au chœur que pour y recevoir les honneurs qui leurs sont dus*, tels que l'eau bénite et le pain bénit, et que ledit seigneur ayant toujours reçu *ces honneurs dans sa chapelle*, il ne paroissoit pas convenable de l'assujettir à les venir recevoir dans le banc...[1] Sans droit, sans raison, on veut s'ériger en maître dans son église ; on se permet d'y entrer la nuit, et sans lumière ; on manque ouvertement à tous les égards qu'exigeoient le lieu saint et le caractère du sieur curé ; un valet le tire à plusieurs et différentes reprises par le bras et son surpelis ; aux représentations les plus raisonnables et dictées par la modération même il répond par des propos audacieux ; l'ouvrier Pressemoy se vante hautement que rien ne sera capable de suspendre l'exécution des ordres dudit seigneur, et que *s'il lui avoit plut d'ordonner de détruire l'église, elle seroit abbatue dans demie heure*. Ces particuliers sont excités et enhardis par le sieur Munier..., qui a été mandier à Mâcon cet ordre (de M. de Montrevel), qui est essentiellement son ouvrage, qui lui devenoit même nécessaire pour autoriser, excuser et couvrir les entreprises, indécences, excès et scandales qu'il s'étoit permis à l'église depuis le commencement d'avril, en élevant sous le nom de M. de Montrevel la prétention desdits bancs, dont ce seigneur n'avoit jamais rien témoigné personnellement, et en la soutenant par des traits de vanité, de hauteur et de suffisance aussi multipliés qu'inconcevables... L'entreprise d'Héliodore voulant agir de force et enlever par l'ordre du roy Séleucus les deniers du tronc du temple de Jérusalem fut non-seulement sans succès par la seule opposition des prêtres revêtus de leurs étoles sacerdotales, mais encore sévèrement punis par l'effet de leurs prières. Pour peu que Mᵉ Munier, Brunet et Pressemoy examinent avec attention ce fragment de l'histoire sacrée, ils s'y reconnoitront trait pour trait ; ils conviendront même qu'ils ont trop exactement joué les personnages des

---

[1]. Archives de Saône-et-Loire, B. 1316, n° 30.

Simon, des Héliodore et de leurs satellites pour ne pas avoir mérité toute leur récompense...[1] »

Le lieutenant criminel ordonna une information [2].

Quant à l'évêque, qui était collateur de la cure, il écrivit, de Paris, au comte de Montrevel : « L'opiniâtre indocilité de votre curé ne mérite aucun ménagement... Je me réserve de venger ma querelle vis-à-vis de luy... [3] »

Le curé se vantait qu'il obtiendrait gain de cause : « J'ay été très mal édifié, écrit Temporal à M. de Fitte (Pont-de-Vaux, 17 juillet 1771), d'entendre dans la ville les propos très déplacés que les père et mère du sieur Maréchal tiennent sur le procez qu'il at avec son seigneur. Ils influent sur les gens un peu sensés jusqu'à faire croire que M. de Montrevel a tort et qu'il en payera bien les violons...[4] »

Mais il dut en rabattre, et fut condamné « en six livres d'aumône aplicables au proffit des pauvres de la parroisse de Lugny et aux dépens pour tous dommages et intérêts[5]. »

Une importante transaction passée en 1602, à la suite de longs procès entre les habitants de Lugny et leurs curés, avait réglé les devoirs et les droits de ces derniers : «... Tous tenans feu et lieu en la paroisse de Lugny sont tenuz et doibvent paier annuellement et perpétuellement au sieur curé une coppe de bled froment, mesure tierce de Tornus, bon bled et loyal, payable à chascune feste Sainct-Martin d'hivert, et ce à recoignoissance perpétuelle de l'administration, cure et charge qu'a ledict curé comme pasteur ayant cure sur son troupeau, administration et prières que journellement faict pour ses paroissiens, selon l'usaige qu'il en a coustume faire...[6] Et oultre confessent estre tenuz paier audict curé chascun an, pour chascun tenant feu et lieu, troys deniers tornois dont les douze font le solz, et ce à chascune feste de Toussainctz, pour la convocation et cène qui se souloit faire en l'esglise d'Azé le mardy suyvant après ladicte feste de Toussainctz et à présent remis de l'auctorité de Monseigneur le révérend évesque de Mascon au lieu de

---

1. Archives de Saône-et-Loire, B. 1316, n° 30 bis.
2. Id., ibid., n°ˢ 25, 28 et 32.
3. Du 17 mai 1771. (Archives de l'Ain, E. 183, n° 28.)
4. Id., E. 193, n° 1.
5. Du 24 mars 1772. (Archives de Saône-et-Loire, B. 1316, n° 26.)
6. En 1790, le curé évaluait le produit des *coupes de feux* et des *gerbes d'évangile* à 14 ânées de blé par an. (Archives de Saône-et-Loire G. 378, n° 25.)

Viriset où ledict sieur curé assiste ou commet homme pour y assister... Plus confessent debvoir audict curé les susdictz qualiffiez que dessus pour chascun mesnage six œufz, convertis en une demye douzaine, et ce à chascun jour de Pasques charnel. que lesdictz paroissiens ont appellez antiennement *les œufz de Pasques dheuz audict curé*.. Item confessent debvoir pour chascun desdictz paroissiens qui communicquent aux sainctz sacremens de l'Eucaristie, assavoir cinq deniers tornois, desquelz les troys sont pour *les salaire, cène* et aultres frais que supporte ledict curé à la susdicte administration, et deux deniers tornois pour la cire du luminaire qui s'applicque et faict en ladicte esglise... Plus confessent debvoir chascun tenant feu et lieu, sçavoir ceulx qui recuillent du bled en leurs fondz une gerbe de bled froment, bonne et suffizante, et les aultres qui ne recuillent aulcun bled troys solz tornois payables à la récolte des fruictz ou chascune feste Marie-Magdeleyne, et ce pour les prières, ensemble l'évangille que ledict curé doibt dire chascun jour pour la conservation des fruictz depuis la Saincte-Croix en may jusques à l'autre feste Saincte-Croix de septembre, que lesdictz paroissiens ont appellez antiennement *la gerbe d'évangille*... Item seront tenuz lesdictz paroissiens de paier audict sieur curé, pour la sépulture de chascun chef d'hostel décedé, la somme de dix solz tornois, qui seront semblablement paiez pour chascune femme, filz et fille excédans l'aage de sept ans, et pour la messe qui se dira en commémoration des trespassez, deux solz, six deniers tornois, (et pour les) petitz enfans au-dessoubz dudict aage de sept ans, pour chascun décedé cinq deniers tornois, et pour la messe, six deniers, à condition touteffois que ledict sieur curé sera tenu aller avec la croix et eaue béniste jusques au domicille des déceddez excédans ledict aage de sept ans, et les assister avec les prières jusques en l'esglise où seront faictes les sérémonies des funérailles accoustumez, sans que ledict curé soit tenu de fornir le luminaire, et quant aux petitz enfans n'excédant ledict aage de sept ans, lesdictz habitans seront tenuz les apporter jusques aux limites du cymetière, où ledict sieur curé les yra recepvoir avec la croix, eaue béniste et aultres prières comme dessus est dict... Item lesdictz habitans confessent que pour chascun mariage qui se solempnisera en ladicte esglise, pour la bénédiction, administration des sacremens et confession oriculaire, que lesdictz mariez ensemblement paieront audict sieur curé, sçavoir une poulle bonne et suffizante pour le droict que doibt l'espousée audict curé, et cinq solz tornois pour la bénédiction nuptialle et messe qui se dict par ledict curé, lequel curé a aussy le droict de prendre treze deniers que chascun marié mect à la bourse de son espouse en satisfaction de la bénédiction que faict ledict curé de l'aneau des espousailles selon la bonne coustume... Plus pour la remise de chascun paroissien qui va demeurer ailleurs et change de paroisse, pour avoir tesmoingnage d'avoir vescu catholicquement au giron de nostre mère saincte Esglise en ladicte paroisse, paiera pour ledict droict appellé vulgairement *le receddo*, la somme de dix solz tornois... Moyennant lesquelles choses susdictes ledict sieur curé et ses successeurs à l'advenir seront tenuz faire leur debvoir à la desserte de ladicte cure, assavoir de chanter et faire chanter aux jours de festes solempnelles les matines, grand messe et vespres, les jours de dimanche l'eau béniste, grand messe et vespres, s'il y a gens qui puissent ayder à faire ledict service, chantera et fera les processions des festes Dieu et roisons accoustumées, et génèrallement le service accoustumé faire tant par ledict sieur curé que ses prédécesseurs... De plus sera tenu ledict sieur curé dire ou faire dire et célébrer la messe accoustumée célébrer lorsque les femmes accouchées des enfans sont relevées, laquelle messe se dict le samedy, et aura ledict curé, pour son salaire, deux solz, six deniers pour la messe et six deniers à l'offertoire selon la coustume, estant par exprès convenu que si ledict sieur curé est requis d'aller dire messe en la chappelle de Fissy pour les femmes dudict Fissy seullement, il sera tenu d'y aller faire le service en luy paiant par chascune femme, comme dict est, deux solz, six deniers pour la messe, six deniers pour l'offertoyre et à disné audict sieur curé... Item sera tenu ledict sieur curé de fournir à ses frais honorablement d'ung cierge bénist chascun an aux veilles de Pasques et bénédictions des fondz... Finallement ledict sieur curé et ses successeurs seront tenuz annuellement et perpétuellement fornir aux festes solempnelles deux torches qui seront allumées et portées ardantes à la messe et vespres (quand ledict) sieur curé faict les cérémonies de l'ancens par l'esglise (et les) chappelles dudict lieu... [1] »

Voici l'indication des biens et revenus déclarés par le curé en exécution des lettres patentes du Roi du mois de février 1790 [2] : « 1° Le presbytère, entre cour et jardin,

---

1. Archives de Saône-et-Loire, G. 378, n° 6.
2. Id., G. 378, n° 23.

composé d'une cuisine et lévier, de deux chambres à feu, des cabinets, un sallon, avec caves et greniers, item d'un appentis pour retirer les gerbes et les deux cuves appartenantes à la cure, écurie, four et colombier ; le tout, clos de mur, contient quatre coupées et demie. 2° Un canton de dixme de bled, vin, chanvre, maïs et fèves, situé à Macheron, le tout payable d'onze à la douzaine. 3° Une autre partie de dixme sur Fissy cédée aux curés de Lugny pour payement de la portion congrue par MM. de Saint-Philibert de Tournus, consistante en bled, etc., et payable comme l'autre dixme. 4° La dixme du domaine du Grand-Bois appartenant à M. le comte de Montrevel, payable comme sus est dit. 5° Des novales éparces dans la totalité de la paroisse, notemment En Murier et Brunchamp, payables comme la dixme. 6° Cinq tonneaux de vin avec un bichet et demi de bled froment payable par Mr le curé de Burgy (à la charge d'en fournir les tonneaux), et ce pour tenir lieu de la huitième partie de la dixme dudit Burgy[1] qui appartenoit à la cure dudit Lugny[2]. 7° Un pré dit En Rachassin, contenant environ six coupées, dont une parcelle appartient à la fabrique. 8° Un pré dit Vallerot, aussi de six coupées. Ces deux prés sont estimés cinquante-trois livres, n'ayant jamais pu en trouver davantage dans les amodiations... 9° Un pré au midi de la cure, de deux coupées et demie, rendant à peine cinq quintaux de foin année commune, (cédé) à la cure à la charge de célébrer deux messes basses 10° Trois andins de pré appellé Pré du Pont, rendant à peu près un quintal et demi. 11° Une terre appellée Ez Pedure, de huit coupées de semence, mesure de Tournus, en tête de laquelle se trouvent dix ouvrées de vigne produisantes, année commune, trois tonneaux. 12° Une vigne aussi appellée Ez Pedure, près le village de Vermeillast, contenant quatre ouvrées, ne rapportant presque plus rien. 13° Une terre appellée A la Folie, contenant quatre coupées. 14° Autre terre appellée Au Tarillot, contenant

---

1. Avant l'érection de Burgy en cure (1715), les dîmes de cette paroisse appartenaient pour un huitième au curé de Lugny, pour le reste au curé de Vérizet, aux chanoines de Saint-Vincent de Mâcon et au chapelain du Temple de Mercey. Après l'érection (1720), le curé de Lugny abandonna sa part au curé de Burgy moyennant la *réfusion* déclarée. (Archives de Saône-et-Loire, G. 339, n° 22).

2. Les officiers municipaux évaluaient en 1790 le produit annuel de toutes ces dîmes à 1,440 livres environ. (Archives de Saône-et-Loire, série Q. Déclarations de dîmes.).

trois coupées. 15° Une vigne d'environ sept ouvrées située à Bissy-la-Mâconnaise, appellée En Grenier ; item une terre appellée A la Rochette contenant deux coupées et demie, donnée à la cure de Lugny par le seigneur dudit lieu, à la charge de chanter un *De profundis* tous les dimanches et la litanie de la sainte Vierge à chaque fête de la sainte Vierge et le jour de la fête du Rosaire [1]. 16° Un terrier [2] contenant quarante reconnaissances commençant par celle de MM. les relligieux de Cluny et finissant par celle (de) M' de Borde pour des biens qu'il possède à Burgy, ledit terrier estimé trente livres pour la prestation, dont le recouvrement est difficile à faire, ledit terrier comprenant des articles dispersés de Lugny, Burgy, Praye, Lisse, Chissey et hameaux en dépendants. 17° Une fondation (faite par le seigneur de Lugny) de 72 messes basses portant redevence pour acquit d'icelle (de) la somme de 36 livres. 18° Une (autre) fondation, faite par le seigneur, d'une messe basse avec bénédiction tous les jeudys, appellée vulgairement *Pange lingua*, portant rente de 50 livres (réduite à) 22 livres, 1 sol. 19° La fondation de Pierre Blanchard, 8 livres, réduite à 4 livres, 18 sols. (emportant) droit d'avoir un banc dans l'église. 20° Fondation de 6 livres annuellement due(s) par les héritiers de demoiselle Jeanne Brunet, à la charge de dire trois grandes messes et trois messes basses et de payer vingt sols à la fabrique pour droit de banc. 21° Autre rente de 6 livres (de la fondation de) Huguette Bonvillain et son mari... 22° Une fondation de 3 livres par an crée par s' Antoine Varenne... 23° Une rente de 10 livres annuellement crée par M° la présidente Folliard... 24° Une rente annuelle de 2 livres reconnue le 21 juillet 1741 par le s' Alabernarde, bourgeois... 25° Fondation de 3 livres faite par honnête Aubain Pioche et Claudine Bonin, son épouse... 26° Une fondation de 5 livres annuellement à la charge de dire une grand messe et de donner la bénédiction du saint Sacrement le jour de la Nativité saint Jean-

---

1. Les terres de la cure furent vendues nationalement les 21 mars 1791 et 1" prairial an VI. (Archives de Saône-et-Loire, Q. Ventes de biens nationaux, reg. 29, n° 29, et reg. 78, n°' 73, 74 et 75.)

2. Le 28 nivôse an II, Joseph Chaverot, notaire à Lugny, remit à la municipalité, trois terriers de la cure de Lugny, l'un de 1602, signé Blanchard, un autre de 1765, signé Animé, le dernier de 1767, signé Chaverot, le terrier du luminaire dudit Lugny, signé aussi Chaverot, plus un bail des revenus de la cure passé en 1774, dont le brûlement sur la place de l'arbre de la liberté fut aussitôt ordonné. (Archives de Lugny, D. 1.)

Baptiste, pour quoi 3 livres au profit du sieur curé et 2 livres au profit de la fabrique. 27° Reconnaissance de rente annuelle de 4 livres, 4 sols, par Gabriel Guionet, à la charge de dire six messes basses dans la chapelle de Fissy conformément à la réduction faite par l'ordonnance de Mgneur l'évêque de Mâcon. 28° Autre rente annuelle de 3 livres créée par dame Françoise Blanchard, épouse de sr Jean-Baptiste Alabernarde... 29° Une reconnaissance de rente annuelle de 3 livres faite par Me Edouard Lacroix, notaire à Lugny... 30° Une rente annuelle de 5 livres créée par Charles Guillemot, menuisier à Lugny et Marie Barraud, sa femme, et ce pour même somme léguée par Jacques Bonnot... 31° Une autre rente annuelle de 3 livres constituée par Charles Guillemot... [1] »

Nous pouvons établir, d'après la même déclaration, quelles étaient exactement à la veille de la Révolution les ressources annuelles du curé de Lugny et ses charges.

Ressources.

1. Produit moyen [2] du bail des droits et biens de la cure....................	1,600 l.
2. Deux bottes de vin et sept ânées de blé à ajouter audit produit............	324 l.
3. Deux cents poignées de chanvre à ajouter au même produit................	24 l.
4. Cent douzaines d'œufs................	25 l.
5. Le terrier.......................	30 l.
6. Les prés.......................	71 l., 15 s.
7. La terre d'Ez Pedures...............	22 l., 10 s.
8. Rente sur le trésor royal............	22 l., 1 s.
9. Fondations......................	86 l.
10. Casuel.........................	24 l.
Total............	2,229 l., 6 s.

[1]. Les fondations dont le texte nous a été conservé sont celle d'Aubin Trécourt, notaire royal et lieutenant en la justice de Lugny, en 1662, celle de Charles Guigue, charpentier à Vermillat, en 1689, celle de Claudine Loyasse, veuve de Jacques Bonnot, en 1716, et celle des confrères de Saint-Jean-Baptiste, en 1747. (Archives de Saône-et-Loire, G. 378, nᵒˢ 9, 10, 16 et 19.)

[2]. Quand M. Maréchal fut nommé, en 1767, le tout était amodié 1,300 livres ; de nouveaux actes furent successivement passés en 1768 et en 1774 à raison de 1,605 et de 2,000 livres, sans compter les deux bottes de vin, les sept ânées de blé et les deux cents poignées de chanvre. (Archives de Saône-et-Loire, G. 378, nᵒˢ 20, 21 et 23.)

Charges.
1. Acquittement des fondations et traitement d'un vicaire.......................... 500 l.
2. Paiement des décimes............... 192 l.

Total............ 692 l.
Reste : 1,537 l., 6 s.

Un état du produit de la récolte de 1790 complétera utilement les indications qui précèdent.

1. Douze ânées de blé froment provenant de la dime, à.......... 48 l. l'ânée.
2. Deux ânées de blondée, de même provenance, à............ 36 l. l'ânée.
3. Une ânée de maïs, de même provenance, à................. 18 l. l'ânée.
4. Huit coupes d'avoine, de même provenance, à............. 1 l. la coupe.
5. Deux ânées de froment provenant des terres, à............. 48 l. l'ânée.
6. Trois coupes de fèves provenant de la dîme, à............. 1 l., 16 s. la coupe.
7. Une ânée et demie de blé provenant de la réfusion de la dîme de Burgy, à.................. 36 l. l'ânée.
8. Six ânées de froment provenant des coupes de feux, à...... 48 l. l'ânée.
9. Vente de la paille.......... 120 l.
10. Vente du chanvre......... 48 l.

Total............ 1,237 l., 8 s.

11. Dix-huit tonneaux de vin provenant de la dîme.
12. Cinq tonneaux de vin provenant de la réfusion de la dîme de Burgy.
13. Deux tonneaux et demi provenant des vignes.

Soit vingt-cinq tonneaux et une feuillette, dont il faut déduire une botte « pour entretien et soutirage », ce qui fait vingt-trois tonneaux et demi, à.............. 96 l. la botte.

Total........ .. 1,228 l.

Produit total, 2,513 l., 8 s., dont il y a lieu de défalquer 103 l., 10 s. pour les « tonneaux », 71 l. pour les « frais d'amas » et 34 l., 10 s. pour la « livraison du vin », soit 209 l. Reste 2,304 l., 8 s [1].

XI. — LES CHAPELLENIES, LES CONFRÉRIES, L'ERMITAGE.

La chapelle de l'église paroissiale où étaient inhumés les seigneurs et qui avait été avant 1493 (cf. § V) fondée par eux sous le vocable de saint Nicolas, de saint Claude, de saint Georges et de sainte Catherine, devait avoir deux titulaires à la présentation et nomination desdits seigneurs et à la collation des évêques de Mâcon [2].

Le curé de Lugny était généralement l'un des deux chapelains, mais à condition d'entretenir à ses frais un vicaire [3] qui ne pouvait être l'autre chapelain [4].

Voici les bénéficiers dont nous avons trouvé trace.

1615. Dom Catherin de Rollée, religieux en l'abbaye de Saint-Seine [5].
1615. Bugues Bourbon [6].
????. Antoine Blanchard, prêtre, de Bissy-la-Mâconnaise [7].
????. Antoine Girard, curé d'Etrigny [8].
1648. François-Louis Trécourt et Claude Nonnain [9].
1655. Claude Joubert [10].
1669. Jacques Gilet [11].
1688. Jean Regnauld [12].
1719. Salomon-Michel Arcelin, curé de Bergesserin [13].

1. Archives de Saône-et-Loire, G. 378, n° 25.
2. Archives de Saône-et-Loire, G. 378, n° 7 bis.
3. Autrement le vicaire était à la charge du seigneur. (Archives de Lugny, D. 1, délibération du 21 avril 1792.)
4. Archives de Saône-et-Loire, G. 378, n° 8.
5. Id., G. 378, n° 7.
6. Id., ibid., n° 7 bis.
7. Id., ibid., n° 8.
8. Id., ibid.
9. Id., ibid.
10. Archives de Lugny, GG. 2.
11. Id., GG. 4.
12. Id., GG. 6.
13. Archives de Saône-et-Loire, G. 378, n° 17.

1727. Joseph Choppin [1].
1728. Antoine Ducasse [2].
1752. Jacques Mabire [3].
1762. Claude Ducher [4].

Catherin de Rollée avait été nommé par Françoise de Polignac. Il mourut en 1615 et fut remplacé la même année par Hugues Bourbon [5].

Antoine Blanchard se montra négligent dans l'accomplissement de ses devoirs [6].

Antoine Girard, bachelier et maître ès arts en l'université de Bourges, avait été précepteur de Claude-François de Saulx-Tavannes, seigneur de Lugny [7].

Jean Regnauld mourut en 1719 [8] et Joseph Choppin en 1727 [9].

Jacques Mabire, lui aussi, avait été choisi en 1739, pour faire l'éducation [10] d'un futur seigneur de Lugny, le dernier des Montrevel. Le curé, M. Poncet, écrivait de lui en 1752 : « Je doute, Madame la comtesse, si jamais vous avez eu pour chapelain un si excellent sujet [11]. »

Antoine Ducasse mourut en 1751, à l'âge d'environ 56 ans [12].

Françoise de Polignac avait déjà par testament (1590) fondé deux messes et trois absoutes par semaine en l'église de Lugny [13], mais Philiberte d'Occors de La Tour, veuve de Charles de Saulx, peu de temps avant sa mort (1648) arrêta les obligations des deux chapelains et assura leurs revenus. Ils devaient : 1° Dire chaque se-

---

1. Archives de Lugny, GG. 9.
2. Id., ibid.
3. Id., GG. 11.
4. Id., GG. 12.
5. Archives de Saône-et-Loire, G. 378, n°" 7 et 7 bis.
6. Id., ibid., n° 8.
7. Id.
8. Archives de Lugny, GG. 9.
9. Id., ibid.
10. On lui assurait une pension viagère de 1,000 livres exempte de toutes charges, plus, l'éducation terminée, un appartement meublé, une douzaine de couverts d'argent, et une écuelle couverte. (Lettre de M. Mabire, chanoine, secrétaire général du diocèse de Bayeux, 3 mai 1773. Archives de l'Ain. E. 77, n°" 31 et 32.)
11. Dans la même lettre il demandait que l'on posât la grille, haute de 3 pieds, large de 6 1/2, de la chapelle seigneuriale. (Archives de l'Ain, E. 77, n° 30.)
12. Archives de Lugny, GG. 11.
13. Archives de Saône-et-Loire, G. 378, n° 18.

maine en la chapelle seigneuriale neuf messes basses sonnées (compris les quatre fondées d'ancienneté [1]), savoir l'un cinq et l'autre quatre alternativement. 2° S'arranger de manière à dire tous les jours une messe publique à laquelle on attendra les seigneur ou dame jusqu'à 11 heures pendant le carême et les jours de jeûne, et en temps ordinaire jusqu'à 10 heures. 3° Dire deux messes, chacun la sienne, et ce, sans augmenter le nombre total des messes par eux dues, les jours du saint Nom de Jésus, de saint Joseph, de saint Claude, de sainte Anne, de saint Philibert, des saints Anges Gardiens, de sainte Françoise, de sainte Catherine, de sainte Barbe et de saint Nicolas. 4° Faire un service solennel à trois grandes messes (du saint Esprit, de Notre-Dame et des Morts), le premier de l'an pour les seigneurs et dames de Lugny, et les jours anniversaires de Charles de Saulx, de Claude-François de Saulx, de Claire de Vy, dame de Lieufranc, mari, fils et mère de la bienfaitrice, et le jour anniversaire de celle-ci. 5° Appeler pour officier lesdits jours avec eux le curé de Lugny et deux autres prêtres, et, après la célébration des cinq messes, donner audit curé 20 sous et à dîner ou 30 sous en tout, et à chacun desdits deux prêtres 10 sous et à dîner ou 20 sous en tout. 6° Assister alternativement ledit curé aux offices des dimanches et fêtes solennelles et à la bénédiction du saint Sacrement fondée par le testament de Charles de Saulx qui se donne tous les jeudis. 7° Faire dire, en cas de vacance, de maladie ou d'absence, trois messes les semaines où ils en devaient cinq et deux celles où ils en devaient quatre. 8° Allouer, sur leurs revenus communs, 12 livres à celui d'entre eux qui enseignait le plain chant aux enfants de la paroisse. 9° Payer, à leur réception, chacun la somme de 6 livres applicable à l'entretien des ornements et habits de ladite chapelle [2].

Les seigneurs avaient, à l'origine, constitué, pour la desserte de leur chapelle, une rente de 60 livres [3], « la-

---

1. Ces quatre messes se disaient alors, par tolérance, ailleurs que dans la chapelle.
2. Archives de Saône-et-Loire, G. 378, n°' 8 et 18.
3. Une autre rente de 20 livres affectée sur la terre d'Ormes à ladite chapelle donna lieu en 1575 à un procès plaidé au bailliage de Chalon entre François Chabot et Françoise de Polignac, dame de Lugny, au nom de *Catherine Chabot*, joints au chapelain, d'une part, Philiberte de Chastenay, épouse du sieur de Saint-André, au nom de Jean-Baptiste de La Baume, d'autre part. Les demandeurs durent renoncer à la prétendue rente et payer aux défendeurs 250 livres de dommages et intérêts. (Archives de Saône-et-Loire, E. 1153, n° 2, fol. LXXVI-LXXVIII.)

quelle ilz assignèrent sur la terre de La Courtine [1] assise en l'Auxois, distante de Lugny de vingt-huict lieue(s), somme quy à la vérité seroict bastante et suffiroict, déclare Dom Catherin de Rollée en 1615, n'estoict la peine et les fraictz que font tous les ans les chapelains à l'aler lever en ung lieu sy eslongné, qui sont telz qu'avant qu'ilz soient de retour ilz en ont quasy consommé une grande partie »[2]. Aussi l'aliénèrent-ils, la même année, au profit de noble Claude de Rollée, seigneur de Chavy[3].

Les libéralités de Philiberte d'Occors de La Tour, en 1648, portèrent les revenus de la chapelle à 380 livres par an [4].

C'est, à peu de chose près, le chiffre que nous trouvons dans une déclaration fournie par le comte de Montrevel au mois de janvier 1725 : « 1° 140 livres de rente provenant de l'amodiation du fief de La Maison-aux-Moines, paroisse de Saint-Thibaud en Auxois, par acte (de) 1715, duquel fief dépendoit une broussaille amazagée au prix de 36 livres [5], qui n'ont jamais esté payées parce que les habitans de Saint-Thibaud s'en sont emparés... 2° 16 livres de rente sous le principal de 400 livres dues par Claude et Antoine Baraud, de Cruzille, par contract (de) 1720... 3° 14 livres de rente sous le principal de 280 livres due(s) par Claude Aublanc, de Dyo, par acte (de 1724)... 4° Un petit terrier [6] de quatre livres environ de rente qui se lèvent à Charcubles, paroisse de Bissy-la-Mâconnoise... 5° 228 livres de rente due(s) par le comte de Montrevel à cause de plusieurs remboursements de principaux provenus, entre autres, de l'aliénation de la rente noble (d'un) demy bichet de bled (à) Chérisey et du domaine de Lornant, lequel domaine avoit esté cedé aux chapelains au lieu de la rente de 80 l. sous le principal de 2,400 livres de l'aliénation du fief de Courtine, ledit contrat de rente de

---

1. Le revenu de cette terre consistait en « rentes, dixmes et justice ». (Archives de Saône-et-Loire, G. 378, n° 7 bis.)
2. Id., ibid., n° 7.
3. Id., ibid., n° 8.
4. Elle donnait 3,000 livres, dont 2,400 devaient être placées à intérêts, et 600 employées « tant pour le logement des chapelains que pour les ornemens, livres et luminaires de la chapelle. » (Id.)
5. Id., ibid., n° 15.
6. Le 10 novembre 1793, Philibert Munier, notaire à Lugny, remit au conseil général de la commune plusieurs terriers, dont la minute et la grosse de celui de la « chapelle de Saint-Georges », signé Alabernarde et Munier, qui furent aussitôt brûlés sur la place de l'arbre de la liberté. (Archives de Lugny, D. 1.)

228 livres (de 1714)... 6° A Lugny, une maison (sans jardin) consistant en deux chambres, l'une haute et l'autre basse, pour le logement des deux chapelains, en laquelle il y a des réparations à faire pour plus de 150 livres [1]... 7° On joint icy la rente de 36 livres données par Madame de Polignac pour l'accomplissement de sa fondation, laquelle rente se partage par tiers entre le sieur curé de Lugny et les deux chapelains [2]... »

En 1785, les prés, terres et moitié de dîme (perçue à la vingt-et-unième) de la terre et seigeurie de La Maison-aux-Moines, étaient, réservé les cens, servis, et autres rentes foncières, amodiés par le chapelain [3] à raison de 848 livres par an et à charge d'y faire exercer la justice haute, moyenne et basse [4].

Claude Ducher accusait au total *1,146 livres de revenus* en 1790. Il déclarait en même temps avoir pour charges de : dire cinq messes par semaine ordinairement et trois en cas de maladie ou d'absence ; dire la messe au collateur à son heure ; faire cinq services par an et y inviter trois prêtres, ce qui peut revenir moyennement à 30 livres, 10 sous ; réparer sa maison ; payer les décimes du diocèse à raison de 49 livres, 10 sous. Reste net : 1,066 livres [5].

Il y avait au XVIIIe siècle trois confréries au moins à Lugny.

Celle du Rosaire, instituée par les « missionnaires », était, lors de la visite de l'archiprêtre de Vérizet, en 1705, rétablie depuis environ deux ans. Elle avait sa chapelle dans l'église (cf. § IX) [6].

Celle du Saint-Sacrement fonctionnait à la même époque [7].

Enfin, celle de Saint-Jean-Baptiste, composée de tous les habitants de Lugny qui avaient ce saint pour patron, fondait, en 1747, une grande messe avec bénédiction du saint Sacrement le jour de la fête dudit saint Jean et une messe basse le lendemain [8].

---

1. Sa valeur locative était de 50 livres en 1791. (Archives de Saône-et-Loire, G. 378, n° 23.) Elle fut vendue nationalement le 6 floréal an VI. (Id. Q. Ventes de biens nationaux, reg. 29, n° 25.)
2. Id., G. 378, n° 18.
3. Les deux chapellenies avaient été fondues en une. (Id., G. 378, n° 25.)
4. Id., ibid., n° 22. Archives de Mâcon, P. 1.
5. Archives de Mâcon, P. 1.
6. Archives de Saône-et-Loire, G. 378, n° 14.
7. Id.
8. Id., ibid., n° 19.

L'ermitage de Saint-Pierre doit remonter, à en juger par ce qui reste de la construction primitive et par la statue qu'on voit encore dans sa niche, au milieu du XVIIe siècle. Il avait une chapelle où le curé de Lugny disait plusieurs messes de fondation [1].

Frère Jean Forêt ou Fourré, natif de Chevray en Poitou, y était ermite depuis environ 40 ans, quand il mourut, âgé de 88 ans, en 1726 [2].

Frère Pierre-Romain Commerçon, son successeur (1732), se maria en 1738, devint boulanger (1739), puis « faiseur d'hosties », et mourut, âgé de 48 ans, en 1740. Il avait résidé à Lugny pendant environ 20 ans [3].

L'ermitage n'était déjà plus habité, en 1788, que par des familles de vignerons [4].

Quant à l'existence d'une abbaye à Lugny, aucun document n'en justifie l'hypothèse [5].

XII. — L'ADMINISTRATION COMMUNALE.

Lorsque, sous l'ancien régime, les habitants avaient à délibérer de leurs affaires communes, ils se réunissaient en assemblée générale soit au-devant des halles [6] soit à l'entrée du bourg [7].

Ils élisaient tous les ans trois échevins, syndics [8] et collecteurs [9], un pour Lugny, un pour Collongette, un pour Fissy, qui administraient la paroisse.

Celle-ci avait des *communitates* dès 1485 [10]. Elle amodia en 1774 la carrière de la Boucherette qui était ouverte depuis environ vingt ans [11].

---

1. Archives de Saône-et-Loire, nos 13 et 24.
2. Id., ibid., nos 13 et 14. Archives de Lugny, GG. 9.
3. Archives de Lugny, GG. 9 et 10.
4. Id., GG. 14.
5. « On a trouvé près du château, dans un champ qui porte encore le nom de *Terre des Nones*, des matériaux d'un grand bâtiment, ce qui a fortifié l'opinion reçue par tradition qu'il y avait eu en cet endroit un couvent de femmes. » (Monnier, *Notice historique de l'arrondissement de Mâcon* dans l'*Annuaire de Saône-et-Loire* pour 1829, Mâcon, 1829, in-12, p. 132.)
6. Archives de Saône-et-Loire, G. 378, n° 6 et C. 404, n° 4.
7. Id., C. 405, n° 5.
8. Id., C. 404, nos 3 et 4.
9. Id., C. 405, n° 33.
10. Id., E. 173, n° 1.
11. Id., C. 404, nos 17 et 18.

L'assiette et la levée des impositions[1], la *gestion des deniers patrimoniaux*[2], incombaient également à ces magistrats.

Nous pouvons comparer le chiffre des impôts directs[3] payés par la paroisse et la commune, à cent ans d'intervalle, sous l'ancien régime et sous le régime nouveau.

En 1785[4] :

1. Taille	3,747 l.	10 s.	2 d.
2. Capitation[5]	470	17	10
3. Vingtième des revenus	1,364	7	»
4. Vingtième des offices[6]	1	17	»
5. Vingtième d'industrie	»	»	»
6. Taillon et étapes	571	»	»
7. Garnisons	778	»	»
8. Subsistance et exemption	519	»	»
9. Don gratuit	317	»	»
10. Octroi	288	»	»
11. Arrêts du Conseil de 1643, 1771 et 1778	216	»	»
12. Arrêt du Conseil de 1772	864	»	»
Total	9,137	12	»

En 1885[7] :

1. Contribution foncière, personnelle-mobilière, portes et fenêtres	20,325 f.	»
2. Patentes	3,043	73 c.
3. Voitures, chevaux, mules et mulets	442	80
4. Billards	54	»
5. Vérification des poids et mesures	251	90
6. Taxe des biens de mainmorte	336	»
Total	24,453	43 [8]

---

1. Archives de Saône-et-Loire, C. 404, n°ˢ 12 et 15.
2. Id., C. 405, n°ˢ 17-32.
3. Les *contributions indirectes* ont remplacé les *aides* d'autrefois. En 1747 Lugny payait 96 livres d'aides (Archives de Saône-et-Loire, C. 572.)
4. Archives de Saône-et-Loire, C. 587, *passim*, et 838, n° 76.
5. Les privilégiés, c'est-à-dire le seigneur et le curé, étaient exempts de la taille et de la capitation. Mais les seigneurs étaient portés à un rôle spécial pour le vingtième des revenus ; ainsi, en 1757, la paroisse de Lugny était taxée de ce chef à 1,038 livres, 13 sous, 11 deniers, et la comtesse de Montrevel à 749 livres, 16 sous, 5 deniers (Id., C. 572.)
6. Payé par les deux notaires.
7. Archives de Saône-et-Loire, série P.
8. Il ne faudrait pas, de ce total, inférer que les charges ont été

La communauté n'avait aucune dette en 1666 [1].

Les recettes s'élèvent, au compte de Lugny, à 79 livres, 5 sous en 1772, et à 52 livres en 1782 ; les dépenses à 102 livres, 10 sous, et à 73 livres, 17 sous [2]. Au compte de Fissy, les recettes à 37 livres, 10 sous en 1777, et à 12 livres, 10 sous en 1778 ; les dépenses à 44 livres, 3 sous, 3 deniers, et à 27 livres, 8 sous, 3 deniers [3].

En 1886 [4], le budget de la commune s'est équilibré par 15,757 fr. de recettes et 15,370 fr. de dépenses.

L'administration nouvelle qui remplaça l'ancienne en 1790 fut constituée à grand peine et n'eut pas de faciles débuts. La vieille lutte entre le procureur et le curé (cf. §§ IX et X) qui troubla longtemps encore la commune [5] ; la rivalité de deux gardes nationales, l'une formée par le comité dès 1789, l'autre nommée par la municipalité en 1790 [6], celle-là libérale, réactionnaire celle-ci, la seconde refusant de disparaître devant la première, qui seule était légale : il n'en fallait pas davantage pour amener de regrettables conflits au sein de la population. Heureusement et grâce à la sage intervention du Directoire, qui fit d'abord trancher la question de droit par l'assemblée générale des officiers des gardes nationales du district et procéder

---

plus considérables en 1885 qu'en 1785. C'est le contraire qui est la vérité, car d'abord, la valeur de l'argent a beaucoup diminué depuis un siècle, et ensuite, au premier total il faut ajouter les droits élevés perçus par les seigneurs et le clergé.

1. Archives de la Côte-d'Or, C. 2873.
2. Archives de Saône-et-Loire, C. 405, n°° 17 et 20.
3. Id., ibid., n°° 26 et 27.
4. Id., série O.
5. Archives de Saône-et-Loire, II. L. 4. M.
6. Le maire qui, avec le curé, tenait pour la nouvelle, parce que le *procureur était l'âme de l'ancienne*, avait été jusqu'à dire de celle-ci : « Voilà une belle milice nationale ! Je veux les mener et les rangerai bien. » En revanche, les amis de l'administration s'entendaient traiter de « municipalaux » et de « doguins ». Ils prétendaient que le sieur Munier s'était vanté *de tirer sur eux comme sur des loups*, que le sieur Saunois avait dit : « Que les bougres d'aristocrates ayent à filer droit ; nous avons l'ordre de leurs couper le col ». On se taxait de « mauvais citoyens », de « canailles » et de « voleurs ». On avait été jusqu'à échanger des « gestes menaçants » et à prédire qu'on mettroit « quelques têtes à terre ».(Archives de Saône-et-Loire, II. L. 4. R.)

ensuite¹ à une élection régulière², il n'y eut pas de sang versé ³.

, ·ieem· t se fit peu à peu. On planta solennellement мат 1   ugny l'*arbre de la Liberté*, « un chêne,   ours favorittes de la nation et surmonté d'un ι net de ι   .nc peint en rouge, en forme d'emblème⁴»,   pluviôse an II, à Collongette, l'*arbre de la Montagne*. Le 20 nivôse an II, on célébra avec enthousiasme la prise du Port de la Montagne (ci-devant Toulon), par des feux de joie sur la place de l'arbre de la Liberté et sur celle de l'arbre de Montagne, puis par un banquet civique au temple de la Raison ⁵. Enfin on fonda une société populaire qui assura le triomphe pacifique des idées révolutionnaires.

C'est au temple de la Raison que se tenaient à cette époque les assemblées cantonales. Quant à l'administration municipale, elle s'installa dans les bâtiments du presbytère ⁶. La mairie actuelle n'a été construite qu'en 1868-69 ; elle a coûté, suivant le procès-verbal d'adjudication des travaux, 30,316 fr., 65 c. ⁷.

Voici la liste des maires de Lugny depuis 1790 jusqu'à nos jours : Benoît Cotessat, 1790 ; Joseph Chaverot, an III ; Philibert Munier, an V ; Claude-Melchior Alabernarde, an XIII ; Jacques Latour, 1814 ; Claude Olivier, 1814 ; Claude-Melchior Alabernarde, 1815 ; Henri-Joseph Tugnot, 1815 ; Jean-Jacques Blanchet, 1827 ; Joseph-Adolphe Meunier, 1830 ; Claude Péchard, 1846 ; Antoine

---

1. Le 27 juillet 1791.
2. Archives de Saône-et-Loire, I. L. 4, II. L. 2, II. L. 4, *passim*. Archives de Lugny, D. 1, *passim*.
3. Le 14 juillet 1791, à l'heure des vêpres, on apprit que « le sieur Meunier avoit donné ordre à ses satellites de mettre deux ou trois balles dans leurs fusils pour mettre des mutins à la raison... Ledit Meunier entra à vespres, au 4ᵉ verset, avec deux tambours batants la générale, dont un d'eux, étant pierrot chez des charlatants, étoit armé de quatre pistolets... » (Archives de Lugny, D. 1.)
4. Au chêne mort on substitua, le 18 ventôse an II, un peuplier. La plantation eut lieu sur la ci-devant place des halles ; ensuite il fut dressé des tables pour un banquet civique qui se termina par « des chansons républicaines et les cris répétés de *Vive la République ! Vive les Sans-culottes ! Vive la Montagne !* » (Archives de Lugny, D. 1.)
5. Id., ibid.
6. Archives de Saône-et-Loire, série Q. Domaines nationaux. Inventaires de meubles.
7. La subvention de l'Etat a été de 8,000 fr.; celle du département, de 1,500 fr. (Archives de Saône-et-Loire, O. 3.. Lugny.)

Tête, 1848; Joseph-Adolphe Meunier, 1852; Claude Péchard, 1869; Jean Léger, 1870; Joseph-Adolphe Meunier, 1871; Claude Bonin, 1876; Jean-Marie Bouilloud-Maillet, 1881; Claude Bonin, 1884; Jean-Marie Bouilloud-Maillet, 1886.

XIII. — INSTRUCTION PRIMAIRE ET ASSISTANCE PUBLIQUE.

Le premier maître d'école que nous trouvions à Lugny avant la Révolution est Nicolas Drouot, en 1765 [1].

Il eut un successeur, en 1769, dont nous ne savons qu'une chose, c'est qu'il avait un grand nez : « M⁰ le Curé, écrit, le 21 février, Claude Ducher, chapelain, à Mme de Montrevel, M^r le Curé présentoit (au) maître d'école qui vient s'établir à Lugny la table moyennant 200 livres par an, ce qu'il n'a pas accerté, d'où nous pouvons conclure qu'il ne voit pas si long que son né qui est assés grand[2]. » Peut-être s'agit-il d'Alexis Poncit ou Poncy qui était en fonctions en 1790 et 1791 [3].

Le 10 germinal an II, le citoyen Louis Mouton, de Commune-Affranchie (Lyon), fut nommé instituteur sur la présentation de la Société populaire de Lugny [4].

Après lui, M. Boissonnat, installé le 15 ventôse an IX dans une des chambres du presbytère et partageant avec le curé son jardin, reçut un traitement annuel de 150 francs avec autorisation de percevoir une rétribution mensuelle de 50 centimes sur chaque élève apprenant à « lire » et de 1 franc sur chaque élève apprenant à « lire, écrire et chiffrer » [5].

Puis viennent MM. Martoret (????), Mangin (1805), Carrouaille (1816), Dubost (1818), Janaud (1825), Verpinet (1848), Pierre (1860), Creuseveau (1881).

L'instruction des filles a été confiée à des religieuses jusqu'en 1879, époque à laquelle a été créée une école laïque. Les institutrices qui s'y sont succédé sont Mmes Joccotton (1879), Gaugey (1879), Lafay (1880), Litaudon (1885), Rollet (1885).

---

1. Archives de Lugny, GG. 12.
2. Archives de l'Ain, E. 179, n° 18.
3. Archives de Lugny, GG. 14. Archives de Saône-et-Loire, II. L. 4. R.
4. Archives de Lugny, D. 1.
5. Communication de M. Creuseveau.

En 1885, on a doté Fissy d'une école mixte de hameau dont les maîtresses ont été Mmes Terret (1885) et Langelin (1890).

Par leurs testaments en date des 15 septembre 1694 [1] et 26 novembre 1739 [2], M. Jacques Gilet, curé de Lugny, chapelain de Saint-Nicolas et Sainte-Catherine dudit Lugny, et de Saint-Barthélemy et Saint-Jean de Clessé, et M. Melchior-Esprit de La Baume-Montrevel léguèrent aux pauvres de la paroisse, l'un 40, l'autre 1,000 livres.

Dans la seconde moitié du XVIIIe siècle, en 1770, fonctionnait à Lugny une œuvre charitable, *le pain des pauvres*, probablement de fondation seigneuriale, car Mme de Montrevel était appelée à en désigner les bénéficiaires [3].

Le bureau de bienfaisance, créé cantonal en 1816, devenu communal en 1818, a vu son budget se balancer, en 1886, par 618 fr., 20 c. de recettes et de dépenses [4].

Une société de secours mutuels a été instituée à Fissy, en 1881.

Deux subdivisions de sapeurs-pompiers, l'une à Lugny, l'autre à Fissy, assurent les secours en cas d'incendie. Celle de Lugny, qui date de 1863, a une caisse de secours mutuels.

XIV. — AGRICULTURE, INDUSTRIE, COMMERCE.

En 1685 les habitants déclaraient que « leurs terres estant difficiles à cultiver, à cause que c'est un terroir fort, il faut ordinairement six bœufs pour labourer. Leur paroisse a environ trois quarts de lieue de circuit, estant située au bas d'une montaigne et entourée de bois qui leurs causent annuellement des nielles et des gresles. (Ils) recueillent bled, froment, febve et vin. Tous les prés estant possédés par les seigneurs et bourgeois, ils sont obligés d'achepter du foing pour leur uzage ; pour faire paître leurs bestiaux, ils n'ont autre champéage que celluy

---

1. Archives de Saône-et-Loire, G. 378, n°s 11 et 12.
2. Id., B. 1376, et non 1386. (H. Gloria, *Le Comte de Montrevel*, dans les *Annales de l'Académie de Mâcon*, 1878, in-8°, p. 298, n. 4.) Par suite d'une autre erreur typographique, le testament est daté, dans le même travail, du 24 novembre.
3. Archives de l'Ain, E. 179, n°s 15 et 16.
4. Archives de Saône-et-Loire, série X.

de les mener dans les prés du seigneur après la seconde herbe levée, et pour cest effect payent ceux qui mennent leur bestail dans lesdits prés chacun une coupe d'avoine, comme aussi ils les mennent dans un bois partie broussaille et d'haute fuste, de la contenue d'environ quatre cens coupées entr'eux commun, dans lequel ils prennent du bois pour leur uzage[1]... »

Au XV⁰ siècle, les terres et les bois se mesuraient à Lugny par *journaux* et par *ponses* ou *poses*, les vignes, les curtils et les teppes par *ouvrées*, les prés par *andains* et par *soitures*.[2]

En 1685, la *coupée* de terre valait 10 livres, l'*ouvrée* de vigne 15 livres et la *place à un char de foin* 150 livres[3].

Le prix de l'hectare de terrain, qui avant l'invasion phylloxérique, se maintenait entre 7.500 et 5.000 francs, varie aujourd'hui entre 2.500 et 2,000 francs. L'hectare de pré qui atteignait 10.000 francs est descendu à 7,500.

Toutes les cultures réussissent à Lugny.

Les vignes y ont toujours occupé le premier rang; elles couvraient jusqu'à l'apparition du phylloxéra, en 1880, le tiers du territoire, soit environ 500 hectares, et produisaient annuellement, à raison de 25 hectolitres de vin par hectare, 12,500 hectolitres valant au total 350,000 à 400,000 francs. En huit ans (1880-1887), le terrible fléau avait détruit tout le vignoble. Depuis 1883, 40 hectares ont été reconstitués à l'aide de cépages américains, dont le rendement est de beaucoup supérieur à celui des plants anciens, car en 1891, sans la grêle et selon toute apparence, la récolte aurait atteint le chiffre de 50 à 60 hectolitres par hectare.

Voici un tableau des progrès annuels de la destruction et de la reconstitution du vignoble (1880-1890).

	Destruction.	Reconstitution.	
1880	25 hect.	»	»
1881	75	»	»
1882	20	»	»
1883	60	»	30 a.
1884	20	»	70
1885	53	2 h.	25
1886	232	8	»
1887	15	4	75
1888	»	6	»
1889	»	6	»
1890	»	12	»

1. Archives de Saône-et-Loire, C. 562, n° 4.
2. Archives de Mâcon, FF. 3, *passim*.
3. Archives de Saône-et-Loire, C. 562, n° 4.

Les vins sont en général de bonne qualité. Au XVIII⁰ siècle on considérait comme « fins » ceux des Crets, de la Grand Vigne et de Saint-Pierre [1]; on apprécie surtout, aujourd'hui, ceux de la Grand Vigne, de Sur la Grange et du Pertuis du Mont.

Les céréales, les tubercules, les racines et les fourrages ont gagné ce que les vignes ont perdu.

Nous donnons ci-dessous un tableau qui indique la surface ensemencée de chaque culture en 1891 et le rendement moyen par hectare pendant une période de dix années (1881-1890).

Culture.	Surface.	Rendement.
Blé	400 hectares.	15 hectol., 50
Avoine	60	35
Orge	5	20
Colza	8	20
Fèves	20	20
Pois	2	»
Pommes de terre	50	57 quint. m.
Betteraves	10	300
Carottes	»	»
Prés	105	62 qu. m., 50
Trèfle	45	37
Luzerne	25	50
Sainfoin	45	25

Les bois couvrent à peu près un tiers du territoire de Lugny (451 hectares) ; il appartiennent par moitié à la commune et à des particuliers. L'essence dominante est le chêne. Puis viennent successivement le charme, le hêtre, le châtaignier, le tremble, l'aune, l'acacia, l'aubour, l'alisier, le plane, l'orme, le frêne, le noisetier, le cornouiller, le mersault, le pin, le picéa, le mélèze.

A ce que nous avons déjà dit de la valeur des denrées sous l'ancien régime (§ X) ajoutons qu'en 1751, le vin commun se vendait 23 livres le tonneau, le froment 18 livres la blondée, le seigle 16 livres la blondée [2], et qu'en 1790 l'ânée de froment était estimée 36 livres, la botte de vin 36 livres, la douzaine d'œufs 5 sous [3].

Les principaux phénomènes atmosphériques funestes à l'agriculture dont nous avons trouvé trace sont : les hivers rigoureux de 1709-1710, 1870-1871, 1879-1880, 1890-

1. Archives de l'Ain, E. 179, n° 16.
2. Archives de l'Ain, E. 167, n° 7.
3. Archives de Saône-et-Loire, G. 378, n° 25.

1891 ; les gelées de 1789[1] et de l'an V ; les grêles de 1756[2], 1777[3], 1859, 1872, 1891 ; les pluies et les inondations de 1768[4], 1840, 1845, 1882 ; la cyclone de 1879 et celle de 1889.

L'industrie est peu développée à Lugny. L'exploitation des carrières de pierre, notamment celles de Charvanson, de la Boucherette, de Jean-de-Lys et de la Garenne, y est même actuellement suspendue.

Au XVIIIe siècle il y avait des tuiliers et des distillateurs à Lugny, et on faisait du charbon au Grand-Bois[5].

On a conservé le souvenir d'une filature de coton et d'une fabrique de carreaux-mosaïques[6] établies sans succès dans le bourg au commencement de ce siècle.

Les huit établissements recensés comme usines en 1888[7] sont : six moulins à farine[8], dont quatre sur la Bourbonne et deux sur l'Ail, une huilerie et un four à chaux.

En 1685, il y avait à Lugny « quatre foires, et tous les lundys marchés despuis la Saint-Denis jusques au Carnaval[9]. » La foire de Saint-Nicolas était très importante à raison des transactions qui se faisaient alors sur le chanvre, dont aujourd'hui d'ailleurs, la culture est presque complètement abandonnée ; elle durait trois jours. Les droits de ces foires et marchés appartenaient, nous l'avons dit, aux seigneurs[10].

Il y a aujourd'hui six foires par an (le 2 février, le 12 mars, le 23 avril, le lundi de la Pentecôte, le 29 août, le 6 décembre) et un marché par semaine (le vendredi). Les unes et les autres sont alimentés par le commerce des grains, des bois, des vins, du bétail, des volailles, du beurre, des œufs, du fromage, de la viande, des étoffes et de la mercerie.

---

1. Archives de Saône-et-Loire, G. 378, n° 25.
2. Id., C. 572.
3. Id., C. 405, n° 25.
4. Dans une lettre adressée le 13 septembre 1768 à la comtesse de Montrevel, M. Ducher, chapelain, qualifie de « déluge » la pluie de cette année-là. (Archives de l'Ain, E. 179, n° 23.)
5. Archives de Lugny, GG., passim.
6. Cette dernière occupait une trentaine d'ouvriers en 1838. (Ragut, Statistique du département de Saône-et-Loire, t. II, Mâcon, 1838, in-4°, p. 212.)
7. Cf. § I.
8. Il y en avait 8 en 1838. (Ragut, op. cit., t. II, p. 212.)
9. Archives de Saône-et-Loire, C. 562, n° 4.
10. Cf. § V.

XV. — STATISTIQUE DE LA POPULATION.

Au mois de décembre 1478, le bailli fit procéder à une « cerche des feux » du Mâconnais. Le mardi 22, Guillaume Fallot, Jean Garnier, Jean des Noyers et Claude Lestienne, de Lugny, se présentèrent «en l'ostellerie de la Croix-Blanche », à Tournus, pour donner à Guillaume Jomard, maître des comptes à Dijon, déclaration des feux dudit Lugny. Le rôle comprend 57 noms, parmi lesquels Pierre Garnier, franc archer, et Louis Freteaul, bordelier[1].

Deux siècles après, le nombre des feux avait presque quadruplé : on en recensait 188 en 1685[2].

Cela représentait 590 communiants en 1705[3].

On comptait 1,118 habitants en 1815. Le maximum a été atteint avec 1,368 en 1872. Il n'y en a plus actuellement, par suite de l'émigration des familles de vignerons, que 1,097, dont 347 électeurs, répartis entre 384 ménages. Voici le détail des résultats du dernier dénombrement (1891) :

Le bourg, 552.
Bas Fissy, 125.
Haut Fissy, 99.
Collongette, 103.
Vermillat, 81.
Macheron, 39.
Poupot[4], 35.
Le Grand-Bois, 21.
La Garenne, 11.
Le Bouchet, 9.
Moulin Guillet, 8.
Moulin Burdeau, 6.
Moulin de la Maigrette, 4.
Moulin Vallerot, 4.
Moulin de l'Etang, 0.

La population a été plusieurs fois décimée par la peste au moyen âge. Mais la mortalité n'a pas été très grande pendant le fameux hiver de 1709-1710[5]. En 1730 une vio-

---
1. Archives de la Côte-d'Or, B. 11592.
2. Archives de Saône-et-Loire, C. 562, n° 4.
3. Id., G. 378, n° 14.
4. Y compris le moulin Pernin.
5. Archives de Lugny, GG. 8.

lente épidémie de petite vérole à sévi sur les enfants[1]. Il y a encore eu beaucoup de décès de ces derniers de 1745 à 1747[2].

Pas de centenaire. Le plus grand âge, 99 ans, a été atteint par Louise Jaget en 1785[3].

Familles importantes au XVIIe siècle[4]: Alabernarde, Baboud, Blanchard, Bonnin, Bonvillain, Chevrier, Flachot, Fougnon, Guyonnet, Jeandet, Lamberet, Large, Legrand, Létienne, Michelet, Namarin, Pichet, Pioche, Poizat, Trécourt, Vallier, Vigeolle.

Principales familles du XVIIIe siècle : Artaud, Baraud, Bataillard, Biat, Bouillin, Bouilloud, Boyaux, Brunet, Butillard, Carterot, Chalandon, Chavériat, Cordioux, Cotessat, Crépeau, Dard, Demigneux, Ferret, Fréteau, Gambut, Gautheron, Goy, Grandry, Grigne, Guillemaud, Guilloire, Hugon, Humbert, Jacquelin, Jaillet, Lacroix, Lagadrillière, Létourneau, Loyasse, Lucquet, Maître, Maranchon, Mayaudon, Ménétrier, Méplain, Michel, Mulcey, Nain, Nonnain, Nuzillat, Poncet, Pressemoy, Ravot, Renaud, Ruet, Sallé, Tachon, Talemard, Thibaudet, Thurissé, Truchot, Verjux, Vérot, Vialet, Vulcain.

Les jeunes gens de la classe 1890, qui ont tiré au sort en 1891, étaient au nombre de 7. En 1734 il y avait dans la paroisse 23 garçons de 16 à 40 ans ayant au moins cinq pieds de taille et se trouvant en état de servir ; mais 10 seulement furent appelés, cette même année, à tirer au sort pour le départ d'un milicien [5]. Ils se rendirent à la mairie de Cluny. Autant de billets pliés qu'il y avait de conscrits furent placés dans un chapeau : celui qui portait le mot *milicien* échut à François Pioche, qui se vit aussitôt déclaré « au service de Sa Majesté », et dut se tenir aux ordres du Roi, « à peine d'être traité comme déserteur et d'avoir la tête cassée[6] ».

---

1. Archives de Lugny, GG. 10.
2. Id., ibid.
3. Archives de Lugny, GG. 14.
4. Il ne faut pas attacher à l'orthographe de ces noms, — qui a beaucoup varié d'ailleurs, — plus d'importance que ne lui en donnaient autrefois les curés dans leurs registres paroissiaux.
5. La durée du service était de cinq ans.
6. Archives de Saône-et-Loire, C. 697, n°s 37 et 39.

XVI. — LES HAMEAUX.

Nous avons énuméré déjà (§ XV) les hameaux dont se compose la commune de Lugny. Les particularités que nous avons notées sur quelques-uns d'entre eux sont en nombre restreint.

Collongette. — M. Perret, professeur de dessin à Mâcon, a bien voulu nous communiquer les estampages de deux inscriptions qu'il a relevées à Collongette en 1856. Les pierres sur lesquelles elles ont été gravées doivent provenir de l'ancienne église de Lugny.

La première nous paraît attribuable au XI⁰ siècle :

> PRE
> SENTIS
> TVMVLI·PA
> TER·HVGO·
> SVSCIPE·MVN
> ERE·CONESTABV
> LI·FACTVM·POST
> FLEBILE·FVNVS· [1]

Ce qu'il faut lire :

> *Presentis tumuli,*
> *Pater Hugo, suscipe munus,*
> *Ere conestabuli*
> *Factum, post flebile funus.*

On peut traduire : « Père Hugues[2], agrée le don du présent tombeau fait au frais du connétable[3] après tes pleurables[4] funérailles. »

---

1. La partie inférieure de cette dernière ligne est mutilée ; nous avons pu la restituer d'après ce qu'il en reste.
2. Peut-être un prieur-curé de Lugny.
3. Celui de l'abbaye de Cluny sans doute. (Cf. Ducange, *Glossarium mediæ et infimæ latinitatis*, éd. Didot, t. II, 1842, in-4°, art. *Comes stabuli*, p. 462.)
4. V. Godefroy, *op. cit.*, t. VI, Paris, 1886, in-4°, p. 228.

La seconde est de 1518 :

> Tovs·cevly qvi diront devo
> tement pater noster et Ave·
> maria gaigneront cent ⁖
> jovrs de pardon donne ⁖
> par Xpofore nevmage cardi
> nal de Ara celi Impetre par de
> nys valier lan mil Vᶜ XVIII ⁖

Autrement : *Tous ceulx qui diront dévotement* Pater noster *et* Ave Maria *gaigneront cent jours de pardon, donné par Christofore Neumage*[1]*, cardinal de* Ara Celi, *impétré par Denys Valier, l'an mil* Vᵉ *XVIII.*

Fissy. — Les habitants de Fissy possédaient, on l'a vu (§§ II et V), « les bois de la Reculée et de Charvanson ». C'est de l'un ou de l'autre de ces biens, sans doute, qu'il s'agit dans la lettre suivante écrite, le 14 juin 1748, par M. Poncet, curé de Lugny, à la comtesse de Montrevel : « Le sieur Michel ruine en frais vos habitans de Fissy et veut leur enlever près de cent coupées de bois taillis qu'il prétend lui appartenir, et s'en est emparé après leur avoir fait plus de cent écus de frais. Les misérables ne se sont pas défendus, et il a obtenu un jugement par défaut qui l'envoye en possession ; il a fait borner sans le consentement et en l'absence des habitans... »[2]

Un nouveau procès fut, à cause des mêmes bois, soutenu contre Pierre Michel, bourgeois de Mâcon, en 1779. Jacques Demigneux, comme mandataire, et Claude Guyonnet, en qualité de syndic, allèrent, au cours de l'affaire, prendre l'avis de M. André, commissaire feudiste à Pont-de-Vaux, et lui offrir au nom de la communauté, en échange de ses bons conseils, d'abord « un paire de poulets (de) 15 sols », et ensuite des « œufs (pour) 18 sols »[3].

---

1. Christophe Numali, italien, général des frères mineurs, promu cardinal-prêtre de Sainte-Marie d'*Ara Coeli* en 1517, mort en 1528. (De Mas-Latrie, *Trésor de chronologie, d'histoire et de géographie*, Paris, 1889, in-f°, col. 1213.)
2. Archives de l'Ain, E. 182, n° 38.
3. Archives de Saône-et-Loire, C. 405, nᵒˢ 22 et 29.

Ce hameau avait dès le XIIe siècle une église (cf. § II). La chapelle qui l'a remplacée n'a aucun caractère architectural : nous n'y voyons à signaler qu'une petite crédence en pierre, terminée supérieurement par un arc en accolade et qui parait de la fin du XVe siècle ou du commencement du XVIe. Les dernières grosses réparations datent de 1823. La cloche a été fondue en 1872 [1].

Les objets du culte vendus le 19 frimaire an III, ne se composaient que d' « un mauvais tapis vert, une mauvaise chasuble noire, deux morceaux de drap et camelot et deux morceaux de soye », qui furent adjugés à plusieurs citoyens pour la somme totale de 60 livres, 5 sous [2].

En l'an VII le receveur des domaines nationaux du canton inventoria comme il suit le peu de mobilier qu'il y trouva : « Au clocher, une cloche du poix d'environ 48 graves, 9,146 décigraves. Dans la chapelle alliénable et seulement soumissionnée, la corde de laditte cloche ; plus un autel en pierre murure, sur laquelle il y a deux pierres de taille, dessous un marchepied aussy en pierre de taille, dessus ledit autel deux gradins sur lesquels il y a deux collonnes et le dessus d'un cadre tout brisé, deux saintes Vierges, deux crucifix, une niche pour une sainte Vierge, deux pots de fleurs et quelques autres boiseries d'autel brisées, le tout en bois ; plus un vieux meuble tout brisé en bois chesne ; un autre meuble aussy en chesne avec une serrure sans clef renfermant un pupitre en bois ; un banc en bois chesne ; deux autres bancs en bois chesne ; une planche, quelques boiseries et un aubénitier en pierre ». Le tout était estimé 32 fr [3].

---

1. Archives de Saône-et-Loire, O, 2., Lugny.
2. Archives de Lugny, D, 1.
3. Archives de Saône-et-Loire, Q. Domaines nationaux. Inventaires de meubles.

TABLE DES MATIÈRES

I. — *Description générale de la commune* 5
II. — *Etymologie des noms de la commune, hameaux, écarts et lieuxdits* 8
III. — *Origines de la commune* 14
IV. — *Le domaine royal* 20
V. — *La seigneurie de Lugny* 21
VI. — *Les seigneurs* 26
VII. — *Le château* 30
VIII. — *Les fiefs de la Douze et de la Tour de la Maigrette*. 37
IX. — *L'église* 39
X. — *Les curés* 47
XI. — *Les chapellenies, les confréries, l'ermitage* 59
XII. — *L'administration communale* 64
XIII. — *Instruction primaire et assistance publique* 68
XIV. — *Agriculture, industrie, commerce* 69
XV. — *Statistique de la population* 73
XVI. — *Les hameaux* 75

MACON. — IMPRIMERIE GÉNÉRALE X. PERROUX ET Cie

www.ingramcontent.com/pod-product-compliance
Lightning Source LLC
LaVergne TN
LVHW020943090426
835512LV00009B/1692